AF618975

Johannes Lipps – Detlev Kreikenbom – Jonas Osnabrügge

# Die Mainzer Salus

## Gesellschaft und Stadtkultur im Norden der Germania Superior

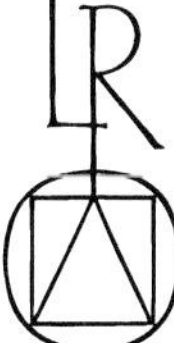

# Material Appropriation Processes in Antiquity

Herausgegeben von
Johannes Lipps – Dominik Maschek



Band 3

=

Urban Challenges
Band 2

Eine Publikation des Profilbereichs
*40.000 Years of Human Challenges*
der Johannes Gutenberg-Universität Mainz

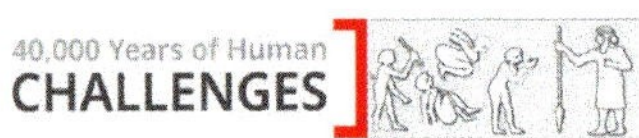


Reichert Verlag Wiesbaden 2023

# Die Mainzer Salus

## Gesellschaft und Stadtkultur im Norden der Germania Superior

Johannes Lipps – Detlev Kreikenbom – Jonas Osnabrügge

mit Beiträgen von Michael Auras und Marion Witteyer

Reichert Verlag Wiesbaden 2023

Gefördert vom Gutenberg Forschungskolleg (GFK) und dem Profilbereich
„40.000 Years of Human Challenges: Perception, Conceptualization and Coping in Premodern Societies"
der Johannes Gutenberg-Universität Mainz
sowie dem Sonderforschungsbereich 1391 „Andere Ästhetik" (Eberhard Karls Universität Tübingen)
und dem Bund und Länder-finanzierten, durch die Akademie der Wissenschaften und der Literatur | Mainz betreuten
und durch die Union der deutschen Akademien der Wissenschaften im Akademienprogramm koordinierten Projekt
„Disiecta Membra"

Coverabbildungen: Angelika Schurzig

**Bibliografische Information der Deutschen Nationalbibliothek**
Die Deutsche Nationalbibliothek verzeichnet diese Publikation
in der Deutschen Nationalbibliografie; detaillierte bibliografische Daten
sind im Internet über http://dnb.dnb.de abrufbar.

Gedruckt auf säurefreiem Papier
(alterungsbeständig – pH 7, neutral)


www.reichert-verlag.de

Redaktion: Elisa Schuster

ISBN: 978-3-7520-0795-4 (Print)
eISBN: 978-3-7520-0299-7 (Ebook)
https://doi.org/10.29091/9783752002997

# Inhalt

## Vorwort

Das vorliegende Büchlein nahm seinen Ausgang mit dem Fund der beiden hier veröffentlichten Statuenfragmente, der sog. Mainzer Salus und eines Neptunfragments, im Mainzer Zollhafen am 15. Oktober 2020. Die Ausgräber:innen erkannten sofort die wissenschaftliche Bedeutung bes. der Salus, die neben der atemberaubenden Steinmetzqualität in dem ungewöhnlichen Sujet und dem ungebrochen erhaltenen Podest mit Inschrift begründet liegt. Auf Einladung der damaligen Leiterin der Außenstelle Mainz der Landesarchäologie Rheinland-Pfalz, Marion Witteyer, und nach einer ausführlichen Führung über die Ausgrabung durch den Grabungstechniker Thomas Dederer am 30. Oktober 2020 habe ich gern die Aufgabe ihrer wissenschaftlichen Erforschung übernommen. Bis zur Dokumentation der Statue im Februar 2022 sollten aber noch gut fünfzehn, von Lockdowns geprägte Monate vergehen. Seither hat ein von mir zusammengeführtes und koordiniertes Autor:innenkollektiv mit unterschiedlichen wissenschaftlichen Expertisen die Erforschung der Funde vorangetrieben. Durch Namenskürzel an den verschiedenen Abschnitten werden die Autorinnen und Autoren kenntlich gemacht, die den jeweiligen Abschnitt schwerpunktmäßig verantworten. Zu danken habe ich für die gemeinsamen Anstrengungen meinem Amtsvorgänger Detlev Kreikenbom vom Institut für Altertumswissenschaften der Johannes Gutenberg-Universität Mainz, Jonas Osnabrügge vom Seminar für Alte Geschichte und Epigraphik der Universität Heidelberg, Michael Auras vom Institut für Steinkonservierung e. V., einer gemeinsamen Einrichtung der staatlichen Denkmalpflege Hessen, Rheinland-Pfalz, Saarland und Thüringen, und besonders Marion Witteyer von der Generaldirektion Kulturelles Erbe Rheinland-Pfalz (GDKE). Die unkomplizierte und gewinnbringende Zusammenarbeit wird seit wenigen Jahren durch den Verbund Archäologie Rhein-Main (VARM) gefördert, der eine für Deutschland einzigartige Dichte an exzellenten und einander ergänzenden archäologischen Forschungsinstituten aus dem Großraum Rhein-Main zusammenführt.

Neben den schon genannten Personen wurden wir im Laufe der letzten achtzehn Monate durch eine große Zahl an Kolleginnen und Kollegen tatkräftig unterstützt. An erster Stelle ist hier Jens Dolata (GDKE) zu nennen, der uns die Skulpturen jederzeit zugänglich machte und wertvolle Beobachtungen zu den Objekten und dem Kontext beisteuerte. Birgit Heide und Ellen Riemer (Landesmuseum Mainz) präsentieren die Mainzer Salus seit Februar 2022 in einer Sonderausstellung und unterstützten uns schnell und unbürokratisch bei allen seither noch vorgenommenen Untersuchungen. Charleen Hack (JGU) und Roland Schwab vom Leibniz-Zentrum für Archäologie (LEIZA) untersuchten die Salusstatue auf Farbreste. Heike Otto (GDKE) und Stephanie Metz, seit 2023 Nachfolgerin von Marion Witteyer, genehmigten dankenswerterweise die nun erfolgte Publikation.

Daniel Burger-Völlmecke, Martin Dorka Moreno, Manuel Flecker, Jochen Griesbach, Norbert Hanel, Alexander Heising, Henner von Hesberg, Marietta Horster, Florine Jäger, Martin

Kovacs, Peter Noelke, Michael Pfanner, Martin Schönfelder, Elisa Schuster, Christine Walde, Lorenz Winkler-Horaček und Christian Witschel diskutierten mit uns verschiedene Aspekte des Beitrags bzw. lasen Teile davon Korrektur. Ferner durften wir die Salus in Abendvorträgen an der FU Berlin (4. Juli 2022), der LMU München (28. November 2022) und den Universitäten Bonn (17. November 2022), Halle (16. Oktober 2023), Freiburg (22. November 2023) sowie in Mainz (30. November 2022 / 17. Januar 2023) vorstellen und haben von den anschließenden Diskussionen sehr profitiert. Für die Dokumentationsmöglichkeiten und Abbildungsgenehmigungen von Vergleichsobjekten in der Region danken wir Carsten Amrhein und Daniel Burger-Völlmecke; für die Photographien Angelika Schurzig; für weitere Abbildungsgenehmigungen Kristina Angerstein, Susanne Erbelding, Philipp Groß, Ralf Grüßinger, Eva Heller-Karneth, Andreas Hensen, Dennis Hermanski, Stephanie Herrmann, Ortolf Harl, Cornelia Jägle, Niklas Kattwinkel, Martin Kemkes, Dominik Kimmel, Lothar Lammer, Daria Lanzuolo, Tessa Maletschek, Markus Marquart, Anna Pizza, Anna Pospíšilová, Angelika Rau, Ellen Riemer, Ralph Röber, Sarah Roth, Jörg Scheuerbrandt und Bert Smith. Die fremdsprachlichen Zusammenfassungen wurden von Christoph Rummel, Sabina De Luca, und Mathieu Ribolet sprachlich überarbeitet. Elisa Schuster übernahm in gewohnt gewissenhafter Weise das Lektorat, erstellte das Ortsregister und holte die Abbildungsgenehmigungen ein. Dominik Maschek danke ich für die Aufnahme des Büchleins in die MAPA-Reihe und den Gutachterinnen und Gutachtern für ihr Feedback. Satz und Drucklegung lagen in den gewissenhaften Händen von Marie-Christine Schimpf. Unterstützt wurden die Arbeiten durch das Gutenberg Forschungskolleg, den Sonderforschungsbereich 1391 „Andere Ästhetik", das Bund und Länder-finanzierte, durch die Akademie der Wissenschaften und der Literatur | Mainz betreute und durch die Union der deutschen Akademien der Wissenschaften im Akademienprogramm koordinierte Projekt „Disiecta Membra" sowie den Profilbereich „40.000 Years of Human Challenges: Perception, Conceptualization and Coping in Premodern Societies" der Johannes Gutenberg-Universität Mainz, der auch für die Druckkosten aufkam.

Mainz im November 2023 Johannes Lipps

## 1. Ein spektakulärer Skulpturfund im Mainzer Zollhafen

Seit 2010 entsteht am alten Zollhafen in der Mainzer Neustadt anstelle der vormaligen Hafenanlagen auf einem Areal von 30 Hektar ein modernes Stadtquartier, das langfristig 2.500 Menschen ein neues Zuhause geben und 4.000 Arbeitsplätzen Raum bieten soll[1]. Obwohl das Gelände unmittelbar an die erstmals 1859 von Josef Wittmann bekannt gemachte römische Siedlung am sog. Dimesser Ort[2], einem ca. einen Kilometer flussabwärts gelegenen ‚Vorort' des

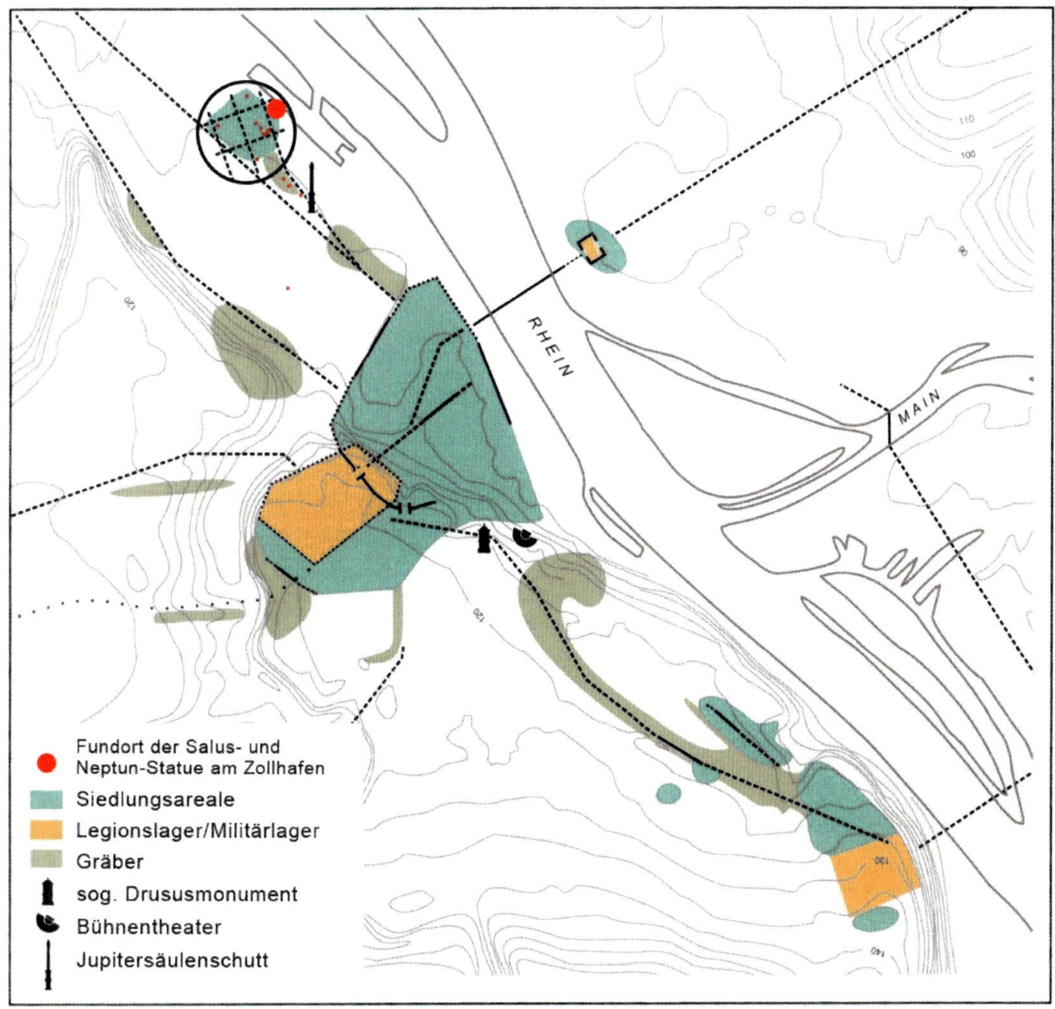


Abb. 1 Die Stadt Mainz in römischer Zeit mit Markierung des im Kreis gelegenen Dimesser Orts

1 http://zollhafen-mainz.de/de/zahlen-fakten (letzter Zugriff: 4. Juli 2023).
2 Wittmann 1859, 100–122.

antiken Mainz[3], angrenzt (Abb. 1), waren die Hoffnungen der Archäolog:innen bzw. Sorgen der Bauherr:innen, auf ungestörte antike Befunde zu treffen, gering. Schließlich hatten hier durch die Anlage des Rheingauwalls (1872–1879) und den anschließenden Bau des Zollhafens tiefgreifende Geländeumgestaltungen stattgefunden. Umso überraschender war es, dass im Vorfeld der Baumaßnahmen beachtliche Überreste der römischen Siedlung zu Tage traten. Durch die neuen Grabungen unter der Leitung von Marion Witteyer sind erstmals großflächige Kontexte erkennbar, die einen Einblick in die Siedlungsstruktur und -entwicklung dieses ‚Vororts' von *Mogontiacum* erlauben. Demnach erstreckte sich das ursprüngliche Siedlungsareal wesentlich weiter zum Rhein hin und ist durch die Flussaktivitäten im Laufe der Jahrhunderte stark reduziert worden. Nach derzeitigem Kenntnisstand fällt der Siedlungsbeginn ungefähr in die Zeit der Gründung des Legionslagers auf dem Kästrich im zweiten Jahrzehnt v. Chr. Die spätesten Funde datieren ins 4. Jh. n. Chr., ohne dass bislang Hinweise auf eine zeitgleiche Bebauung festgestellt werden konnten[4].

Allem Anschein nach besaß die Siedlung ein rechtwinkliges Straßenraster. Die von den Straßen eingefassten Quartiere waren dicht bebaut, anfangs mit Gebäuden aus Holz und Lehm, später dann mit Steinarchitektur. Die Strukturen der mittleren Kaiserzeit lassen sich zu einer schräg auf den Fluss zuführenden Straße verdichten, die einst zu beiden Seiten von Gebäuden mit mächtigen Caementiciumfundamenten flankiert wurde (Abb. 2)[5]. Das landeinwärts gelegene Gebäude erinnert im Grundriss an Wirtschaftsbauten, wie sie bspw. aus Waldgirmes bekannt sind[6]; die Räume auf der gegenüberliegenden Straßenseite wirken hingegen kleinteiliger. Die Straße mündet schließlich auf einen großen Platz, der sich möglicherweise bereits zum Fluss geöffnet hat.

Schon lange wurde vermutet, dass der am Rhein gelegene *vicus* am Dimesser Ort stark durch Handel geprägt gewesen sei, auch wenn – entgegen älterer Meinungen – die hier zur Trockenlegung des Areals verwendeten Amphoren wohl keinen Beleg dafür darstellen[7]. Vielleicht darf man sich hier also einen geschäftigen Umschlagplatz vorstellen.

Zu den herausragenden Funden gehören zwei am 15. Oktober 2020 durch Thomas Dederer geborgene Sandsteinskulpturen von außergewöhnlich hoher handwerklicher Qualität: eine kopflose weibliche Statue[8] und der untere Überrest eines auf einer Plinthe stehenden Mannes[9].

3 Zum sog. Dimesser Ort zuletzt ausführlich: Jung 2009; Dolata 2022.

4 Bislang Dolata 2022, 54–78. Vgl. die Überlegungen von Alexander Heising, wonach die Bewohnerinnen und Bewohner der Siedlung in Weisenau den Ort gegen 280 n. Chr. verlassen haben und in die ummauerte Siedlung (Heising 2008) unterhalb des Legionslagers gezogen sein sollen: Heising 2007, 214 f.

5 Die Strukturen befanden sich auf einem als Rheinkontor IV bezeichneten Areal und fanden auf dem nördlich anschließenden Areal (Rheinkontor V) ihre Fortsetzung.

6 Becker – Rasbach 2015, 59–62.

7 Martin-Kilcher – Witteyer 1998/99, 45–122.

8 Landesarchäologie Mainz; Fundmeldenummer FM 20-30, 095-008.

9 Landesarchäologie Mainz; Fundmeldenummer FM 20-30, 096-006.

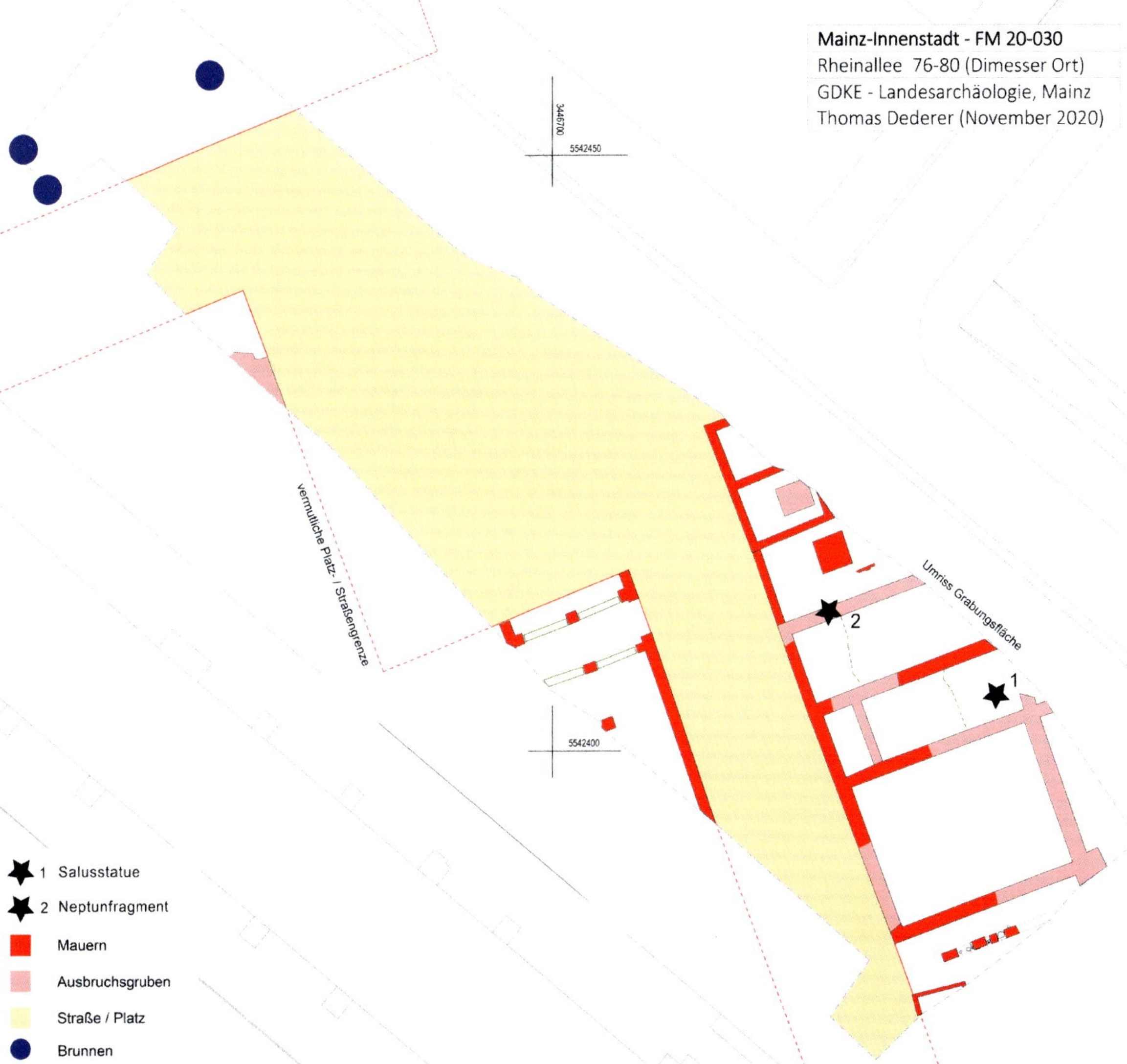


Abb. 2 Mittelkaiserzeitliche Strukturen im Zollhafen (Areal Rheinkontor IV) mit markierter Fundlage der hier behandelten Skulpturen

Sie waren auf ihrer Vorderseite liegend in einer spätantiken Abbruchschicht der Steinbauten entsorgt worden (Abb. 3. 4). Nach ihrer Bergung und Präsentation anlässlich der Grundsteinlegung des Wohnquartiers am 30. Oktober 2020 wurden die Skulpturen durch die Landesarchäologie gereinigt und am 2. und 3. Februar 2022 in einem Magazin in Mainz-Bretzenheim photographisch dokumentiert. Es folgten kleinere Dokumentationskampagnen wichtiger Vergleichsstücke in der Region sowie invasive Steinbeprobungen beider Stücke. Aufgrund ihrer besonderen Bedeutung für das antike Mainz, aber auch für die Forschung antiker Skulptur nördlich der Alpen insgesamt, wird im Folgenden insbesondere die von der Mainzer Presse u. a. als „Venus

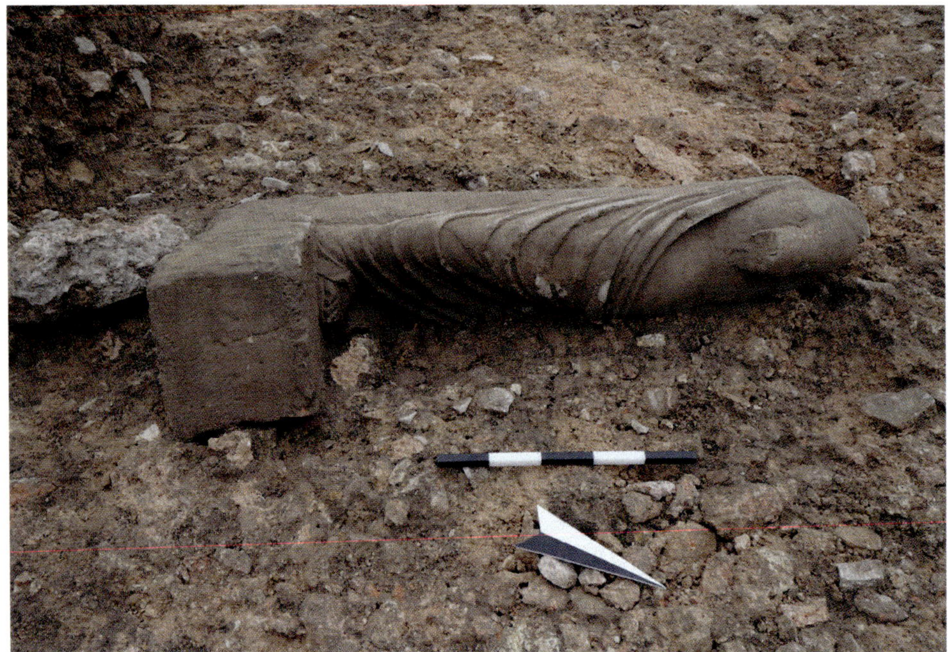

Abb. 3 Die Mainzer Salus bei der Ausgrabung 2020 in Fundlage

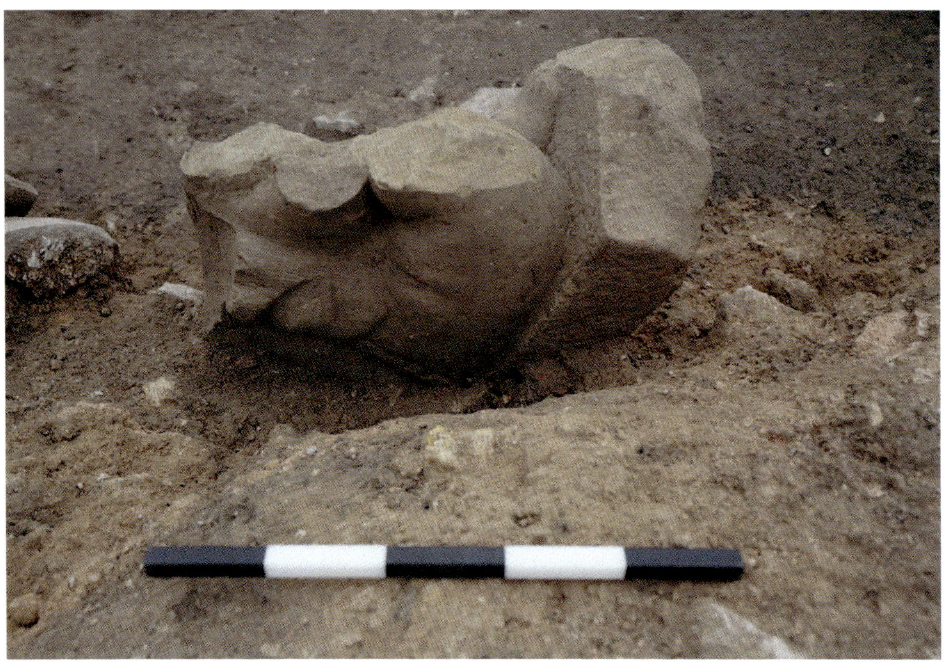

Abb. 4 Statuenfragment des Neptun bei der Ausgrabung 2020 in Fundlage

von Mainz“[10] gefeierte Frauenstatue, die seit Januar 2023 im Mainzer Landesmuseum der Öffentlichkeit präsentiert wird, noch vor Aufarbeitung und Veröffentlichung der Grabungen der Fachöffentlichkeit bekannt gemacht.

Auf eine ausführliche Vorstellung der Statue (Kap. 2) und ihrer Inschrift (Kap. 3) folgen Überlegungen zur Rekonstruktion (Kap. 4) zu Entstehung und Bedeutung des zugehörigen Statuenschemas (Kap. 5), zur Herstellung der Statue und den daraus folgenden Erkenntnissen zur Statuenproduktion und -distribution im nördlichen Obergermanien (Kap. 6), zu den Stiftern und ihren Motiven (Kap. 7) sowie zu den mit der Statuenaufstellung verbundenen religiösen und urbanistischen Implikationen (Kap. 8). Im Anschluss werden in einem ersten Anhang das zweite, gemeinsam mit der Frauenstatue gefundene Statuenfragment eines stehenden Mannes vorgestellt und in einem zweiten Anhang die Ergebnisse der Materialuntersuchungen präsentiert.

(JL – MW)

10 https://mainzund.de/venus-von-mainz-entdeckt-archaeologen-finden-am-zollhafen-sensationell-erhaltene-roemische-skulpturen/ (letzter Zugriff: 19. Januar 2023).

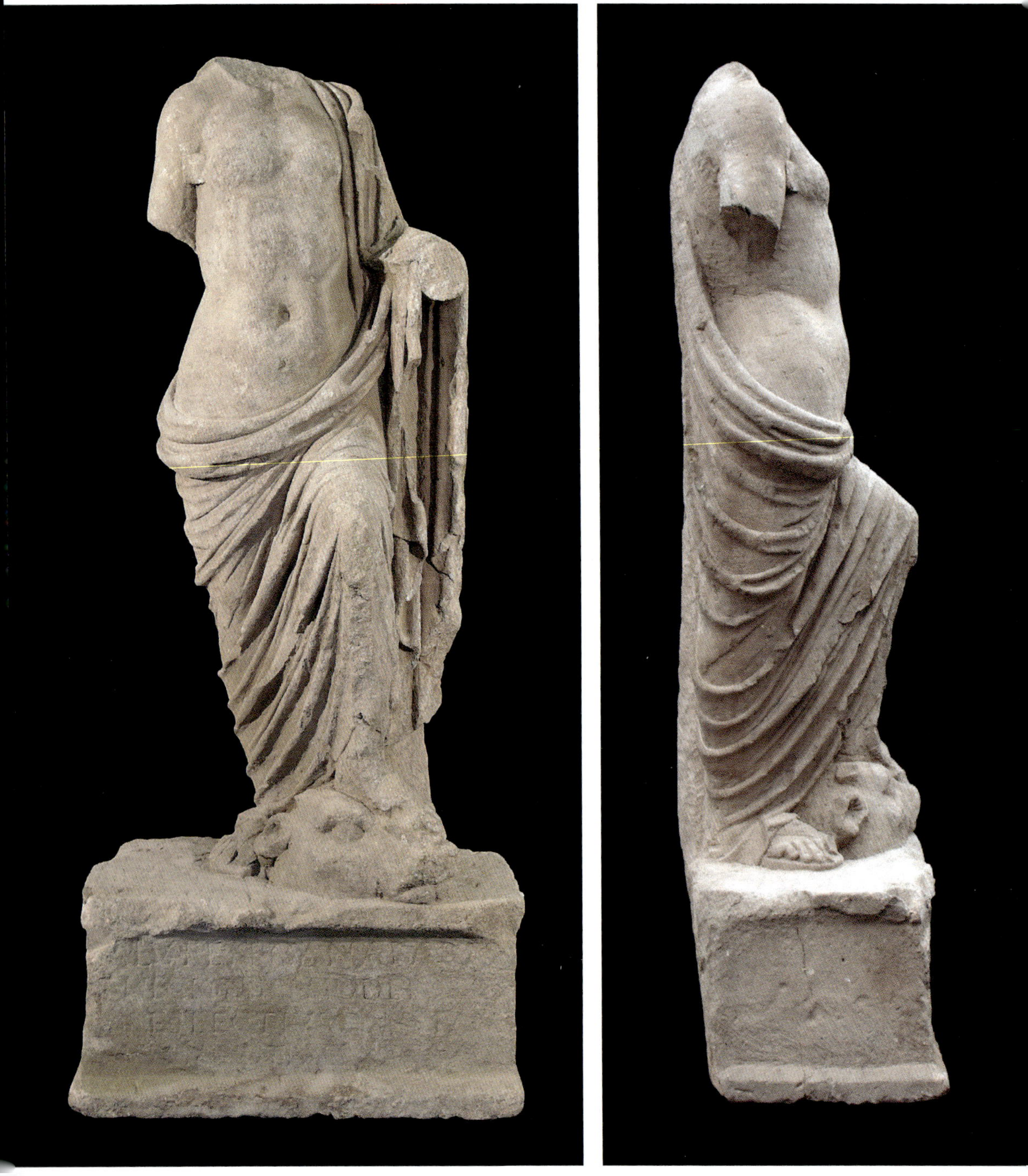

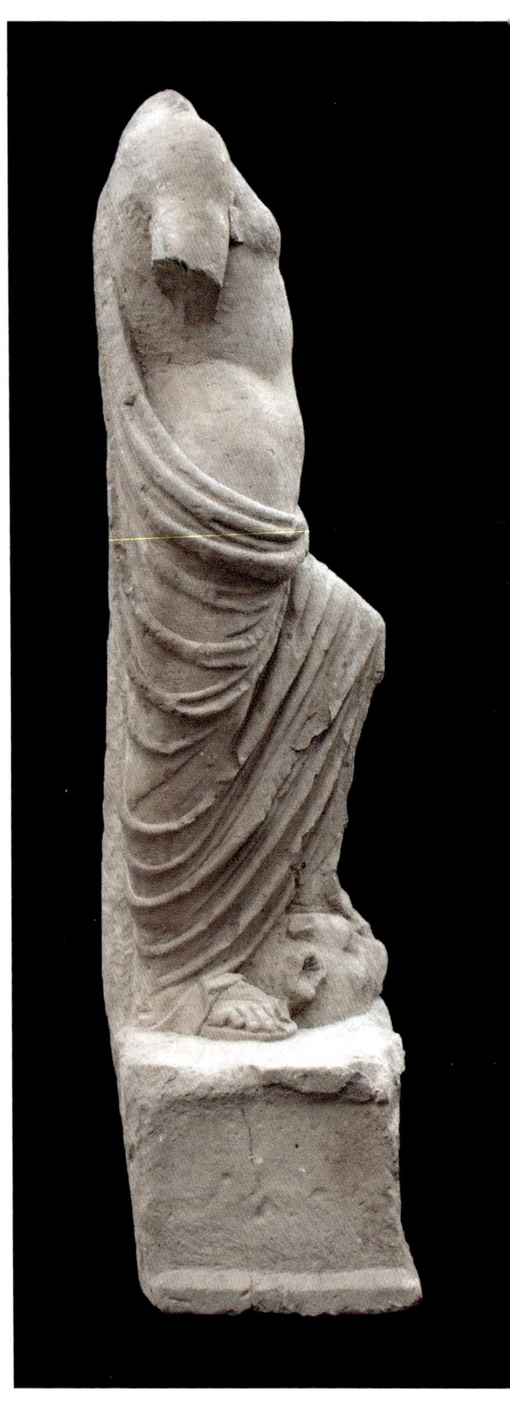

Abb. 5–8 Die Mainzer Salus

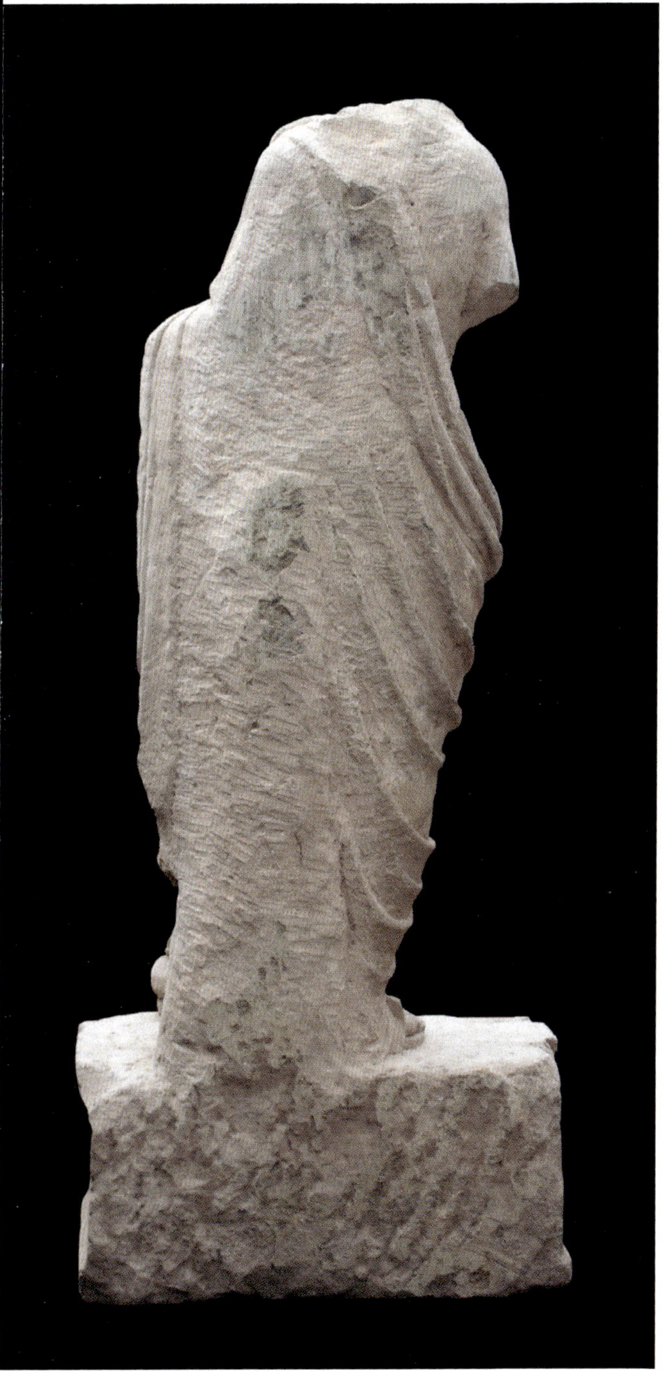

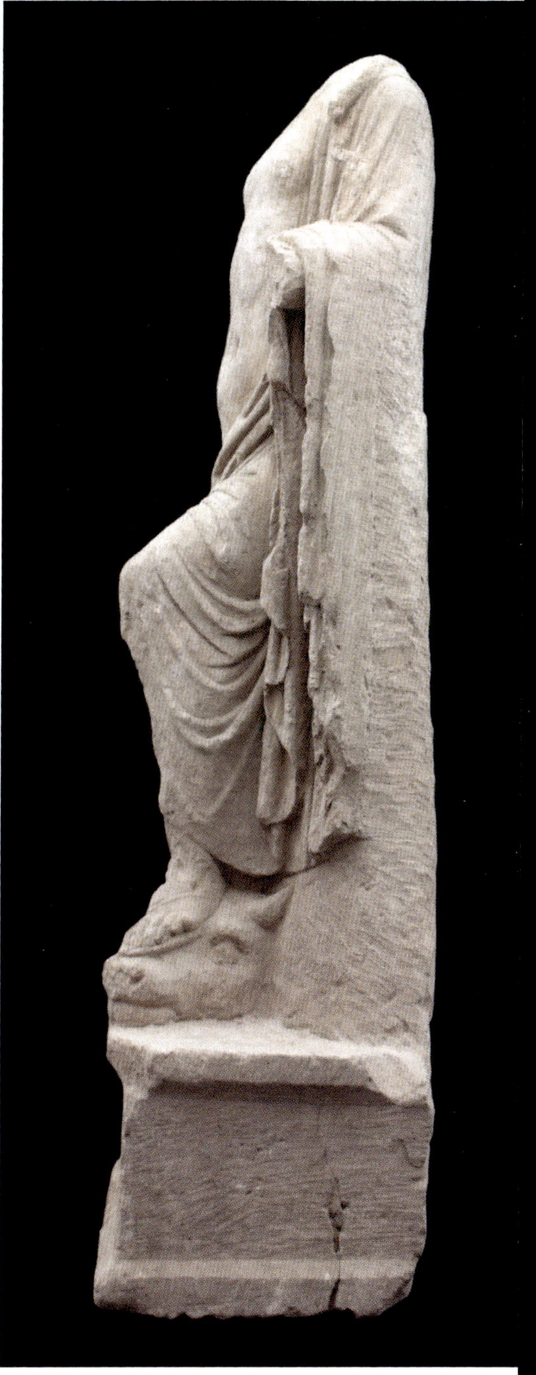

## 2. Erhaltungszustand und Beschreibung (Abb. 5–8)

Sockel und Torso sind aus einem Block gearbeitet und ungebrochen[11]. Es fehlen der Kopf mit Hals, die linke Hand und der rechte Arm ab der Mitte des Oberarms. Der Bruch im Halsansatz wird an der Rückseite in einer schräg abfallenden Partie fortgesetzt. In der rechten Achselhöhle liegt eine quadratische Bruchfläche vom Ansatz eines Steges. Das linke Handgelenk endet in einem Bruch mit einer Ausbuchtung zum Körper hin. Beschädigungen und Bestoßungen finden sich an den Profilen des Sockels, am rechten Ohr, rechten Horn und Maul des Tierkopfs, am linken Fuß der Skulptur, an der Vorderseite ihres linken Unterschenkels und den Gewandzipfeln links unten sowie an den Zehen des rechten Fußes. Diverse kleinere Verletzungen liegen an den Falten des Mantels und am Körper vor. Wölbungen des Bauchs und der Brüste sind partiell verrieben. Beschädigungen finden sich ferner auf der rechten Schulter an einer rudimentär noch erkennbaren Haarsträhne. Einige plane Partien an der Rückseite, besonders die senkrechte mittlere Bahn, sind offensichtlich rezenten Ursprungs (Abb. 7); sie zeigen Schleifspuren, die bei der Bergung oder Verlagerung der Skulptur entstanden sein könnten. Eine geschwungene Bruchlinie ist im Gewand vor dem linken Oberarm in Fortsetzung einer Schlange auf der Schulter sichtbar. Zahlreiche Sinterreste wurden im Zuge einer Restaurierung reduziert. Der Zustand der Oberflächen ist insgesamt gut.

Auf einem queroblongen Sockel steht eine weibliche, frontal ausgerichtete Skulptur. Ein stoffreicher Mantel umschließt den Unterkörper und rahmt den nackten Rumpf an seiner linken Seite. Der linke Fuß ist auf den Kopf eines Rinds gesetzt.

Den auf seiner Oberseite mit Spitz- und Flacheisen geglätteten Sockel fassen unten und oben Profile ein, die als einfache Leisten vortreten und mit schrägen Anschlüssen zu den Außenflächen vermitteln. Die Vorderseite zeigt eine flächenfüllend über vier Zeilen verteilte Inschrift. Die undekorierten Nebenseiten des Sockels entsprechen mit ihrer Rahmung der Front, unterscheiden sich aber hinsichtlich ihres Ausführungsgrades, indem nur an der rechten Seite und überdies nur in deren oberen Hälfte die Fläche fertiggestellt ist. Vielleicht war aufstellungsbedingt nur die obere Partie sichtbar, falls beispielsweise ein Altar direkt neben dem Bildwerk stand. Die Rückseite beschränkt sich, unter Verzicht auch auf eine Rahmung, auf eine unruhige, mit Spitz- und Flacheisen gearbeitete Struktur. Den – nach der Aufstellung des Werks zwangsläufig nicht mehr sichtbaren – Boden des Sockels durchziehen in regelmäßigen Abständen schräge, mit einem Spitzeisen, einer Steinhacke (Axt) oder einem Spitzhammer tief eingezogene Rillen, die die Ränder der Unterseite aber nur bedingt erfassen[12]. Ausgespart ist zudem eine

11 Landesarchäologie Mainz; Fundmeldenummer FM 20-30, 095-008. Maße des Erhaltenen: H ges. 149; H Sockel 30; B 65; T 34–37,5 cm.

12 Die uneinheitlichen Tiefen der Rillen verweisen auf einen mehrfachen Ansatz beim Schlagen und somit eher auf eine Axt oder einen Spitzhammer. Zum letzteren Werkzeug vgl. seine Darstellung auf einem

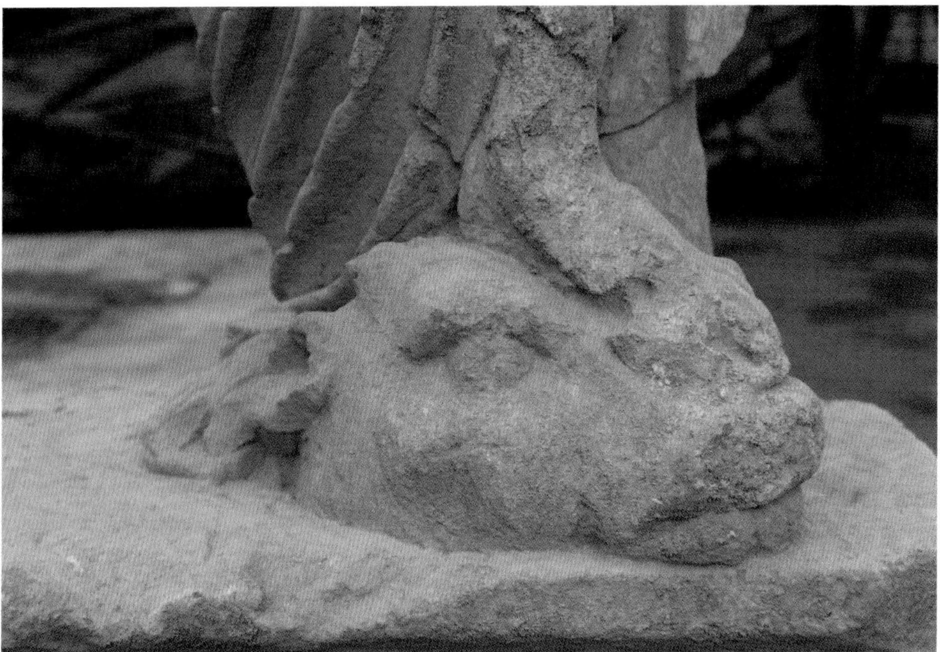

Abb. 9 Die Mainzer Salus, Detailaufnahme mit Rindskopf

kleinteilig differenzierte Partie an der vorderen rechten Ecke. Die zwischen den Rillen stehen gebliebenen Massen wurden mutmaßlich in einem zweiten Werkgang mit Zahneisen und Raspel grob abgeflacht. Ihr uneinheitliches Relief tritt im Binnenbereich der Unterseite hinter einer imaginären Ebene im Sinne einer Anathyrose geringfügig zurück.

Die Position der Statue auf dem Sockel ist aus der Mitte merklich nach links verschoben, was durch den Aufbau des Körpers aber ausgeglichen wird. Die Füße tragen Sandalen, kenntlich an ihren Sohlen und den zwischen großem und zweitem Zeh hervortretenden Riemen. Der rechte Fuß tritt flach auf der Sockeloberfläche auf, ist dabei fast auf die mittlere Tiefe der gegebenen Fläche zurückgesetzt; der linke steht bei vorgestelltem, angewinkeltem Bein auf dem Tierkopf auf (Abb. 9). Letzterer ist aufgrund seiner Gestalt mit charakteristischen Merkmalen – vorge-

Grabstein aus Dalmatien: Tončinić 2007, 259 f. Abb. 1. 2. Hämmer und vor allem Zimmermannsäxte wurden in Kombination mit weiteren Werkzeugen auf provinzialrömischen Grabdenkmälern mehrfach abgebildet, s. Hofmann 1905, 57 Nr. 44, s. aber auch einen Mainzer Grabstein mit der Darstellung von Werkzeugen (Landesmuseum, Inv. S 523): Boppert 1992a, 115 Nr. 79 Taf. 49. – Spitzhammer bzw. Spitzhacke finden sich zusammen mit weiteren Werkzeugen auf Grabsteinen aus Petronell: Krüger 1972, 9 Nr. 379. 380. 382 Taf. 1. 2. – Asciae als Einzelmotiv an Deckeln von Aschenbehältern sind aus Salzburg (*Iuvavum*) bekannt: Heger 1975, 44 Nr. 84–86 Taf. 38. – Eine ascia ist auch ganz in der Nähe von Mainz auf der Aschenkiste aus Rockenhausen, Rheinland-Pfalz zu sehen (CIL XIII 6151, lupa.at/26574) sowie auf einer Stele aus Oberstaufenbach (CIL XIII 6192, lupa.at/26251); Ammonius Mogetius aus Heidelberg (lupa.at/27115) stützt sich auf eine dolabra. Zu den verschiedenen Schlagwerkzeugen s. Pietsch 1983, 8–41 Taf. 1–13.

schobener breiter Schnauze, großen Augen, partiell erhaltenem rechtem Ohr und vollständig erhaltenem linkem Horn – als Rind identifizierbar. Die geringe Größe des Horns verweist auf ein junges, vielleicht noch als Kalb anzusprechendes Tier. Die kugeligen, in ihrer Höhlung eingesunkenen Augen sind als geschlossen zu denken. Hinter dem Tierkopf und dem linken Fuß der Skulptur wird eine amorphe Partie sichtbar. Sie besitzt eine stabilisierende und zugleich visuell in die Tiefe vermittelnde Funktion. In der linken Hälfte der Rückseite setzt sie sich mit breitem Ansatz auf dem Sockel als stützende Wölbung bis in Höhe der Hüfte fort[13].

Vom asymmetrischen Standmotiv ausgehend neigt sich der Körper insgesamt leicht zu seiner Rechten. Bis in Höhe der Hüften präsentiert er sich analog der Sockelfront in strenger Frontalansicht.

Die Drapierung des Mantels folgt einem gängigen Schema: Von der linken Schulter ausgehend umhüllt eine über den Rücken bis zum rechten Fuß herab reichende Stoffmenge den Körper in langen, diagonal abfallenden Bögen; skizzenhaft beginnend, nimmt das Volumen der Falten und die Sorgfalt ihrer Ausführung nach rechts hin kontinuierlich zu. An der Außenseite des rechten Beines biegt der Stoff in angedeuteten Schüsselfalten um, ist an der Vorderseite im Gegensinn schräg nach oben und zugleich nach vorne zum linken Bein gezogen, wo er zum größeren Teil den Oberschenkel flach überwölbt, zum kleineren den Unterschenkel bedeckt. An der Außenseite des linken Beins mündet er in gestuft hängende Faltenbögen, wobei letztere in der Tiefe schließlich wiederum aufwärts vermitteln.

Ein Mantelwulst bietet eine prägnante Zäsur zum Rumpf. Er bindet die rechte Hüfte und den vorgestreckten linken Unterarm zusammen. Seine optische Fortsetzung findet er in zwei Faltenbündeln, die beiderseits vom Unterarm herabhängen. Sie liefern ein Gegengewicht zur ausladenden Kontur der rechten Hüfte und verhindern als kräftige vertikale Akzente eine Blickführung um die linke Außenseite der Skulptur. Um das Handgelenk herum entsteht durch das Zusammentreffen vielfältiger Formen und Bewegungen ein Kompositionszentrum, das die Bedeutung des verloren gegangenen, einst von der linken Hand gehaltenen Objekts unterstrichen haben wird. Von diesem Zentrum steigt wiederum eine senkrechte, den Rumpf rahmende Bahn mit parallel geführten Faltenrücken auf, um, über die Schulter gelegt, in ein kurzes Stück auf dem Rücken zu münden[14]. In Gegenrichtung windet sich vorne auf der Mantelbahn von der Schulter herab eine Schlange. Ihr Schwanzende ist plastisch erhalten; ihr weiterer, abwärts gerichteter Verlauf lässt sich bis zum Unterarm noch im Bruch verfolgen (Abb. 10).

13 Eventuell war hier zunächst eine Baumstütze geplant, die sich wie bei einem Genius aus *Nida* mit halbem Stamm an den Körper angeschlossen hätte, s. unten (Abb. 33).

14 Zum Schema der Manteldrapierung s. Alexandridis 2004, 249, Hüftbausch-Typus 2.2.14 Ac 1 Taf. 39,3, allerdings mit Untergewand. Das Schema ist in der Region nachweisbar, so bspw. an der Fortuna auf einem Viergötterstein aus Mannheim, dort aber in der geläufigeren Form eines kürzeren Mantels und in Kombination mit einem Untergewand: P. Noelke, in: Lipps u. a. 2021, 425 f. Kat. 72,1.

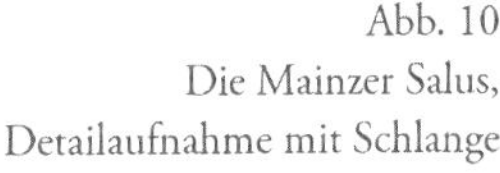

Abb. 10
Die Mainzer Salus,
Detailaufnahme mit Schlange

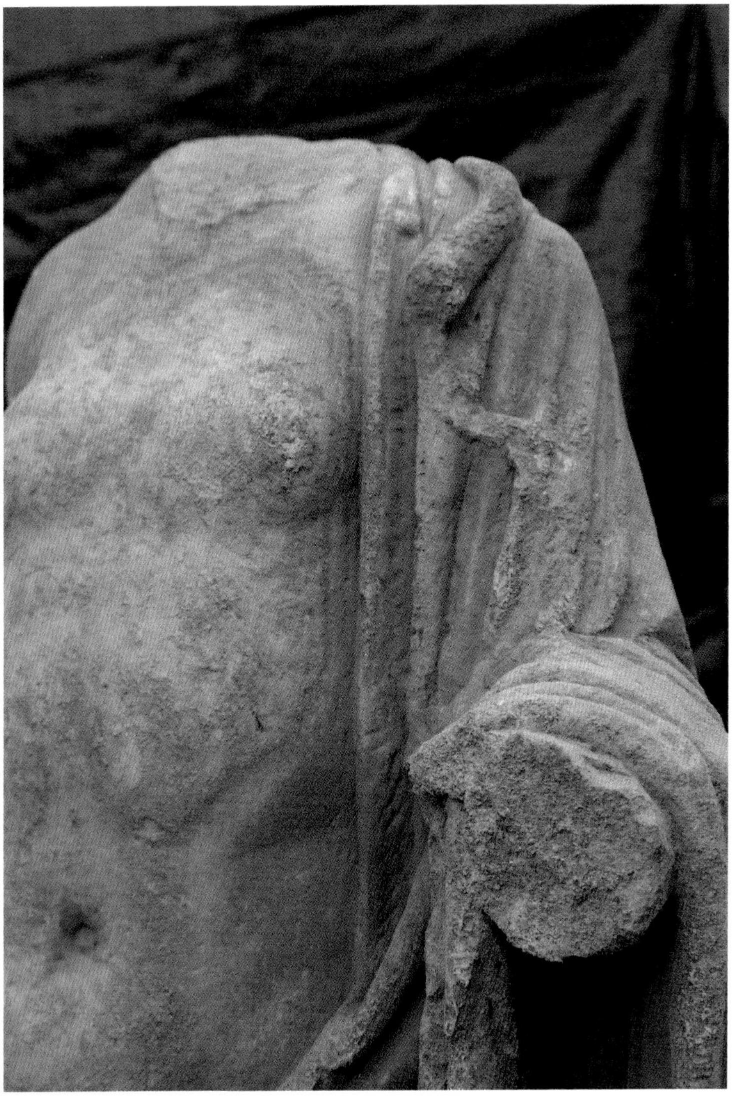

Den Mantel zeichnet insgesamt eine geschlossene, trotzdem variabel formbare Konsistenz aus, die Dehnungen und Spannungen erlaubt, aber nie ihre Substanz einbüßt. Deutlich treten diese Eigenschaften in den flächenmäßig dominierenden langen Zugfalten in der Beinpartie hervor. Sie variieren in ihren Abständen und Reliefwerten, auch im Duktus. Ihre Rücken sind grundsätzlich gerundet und veranschaulichen eine feste Stofflichkeit. Diese Qualität spiegelt sich ebenso in dem weitgehenden Verzicht auf Überschneidungen und Überlagerungen. Auch die einheitlich flachen, wenig transparenten Faltentäler gehorchen diesem Gestaltungsprinzip, indem sie zwischen den Beinen nur geringe Eintiefungen zu erkennen geben und so die Wirkung eines uniformen Stoffes unterstreichen.

Den nackten Rumpf durchzieht eine leichte Wendung nach links. Noch frontal präsentiert sich die Beckenpartie; ihre im Prinzip nur leichte Ponderation wird durch die Diagonale des Mantelwulsts überspielt. Zur Taille hin verjüngt sich der Umriss des Beckens auf der rechten Seite, während die Kontur der Gegenseite grade aufwächst und dabei durch die senkrechten Faltenlinien der anstoßenden Gewandpartie motivisch noch unterstützt wird. Aus frontaler Ansicht ergibt sich, auf den Gesamtaufbau des Körpers bezogen, ein bewusst ausgespielter Gegensatz zwischen einem annähernd s-förmigen Umriss rechts und einer strikten vertikalen Begrenzung links; letztere geht vom linken Fuß aus, steigt an der Außenflanke des linken Beins auf und findet jenseits des Mantelwulsts ihre abschließende Fortführung.

Von der Taille aufwärts nimmt die leichte Wendung des Rumpfs noch ein wenig zu. Eine eingezogene Taille, schlanke Umrisse, gestreckte Proportionen und hoch sitzende, auffallend kleine Brüste kennzeichnen eine Jugendlichkeit, aufgrund derer der obere Teil des Rumpfes einen Widerspruch zum breiten Becken und der Wölbung des Unterbauchs markiert. Korrespondierend mit den mädchenhaften Merkmalen besitzt der Oberkörper eine Fläche mit ineinandergleitenden Hebungen und Senkungen. Der Rippenkasten zeichnet sich zwar als Ganzes ab, wölbt sich sogar stärker vor als die Brüste, besitzt aber weder eine klare Formumgrenzung noch eine Wiedergabe von Details. Durch das Fehlen eines tragenden ‚Gerüsts' wirkt die nackte Haut des Körpers wie aufgeblasen.

Der rechte, bis über den Bizeps erhaltene Oberarm liegt direkt am Rumpf an, biegt zugleich etwas nach außen. Der Unterarm muss mindestens leicht angehoben gewesen sein; sonst hätte er den Mantel an der Hüfte berührt. Wegen fehlender Verbindungen mit dem Körper entzieht sich der Arm aber näheren Aussagen über seine ursprüngliche Haltung. Der einst in der Achselhöhle ansetzende Steg führte von der Brust etwas nach außen weg. Auf der rechten Schulter zeichnet sich der Rest von Haaren ab. Der Kopf war nach Ausweis des gebrochenen Halsansatzes nach links – in Richtung der Schlange und des Kompositionszentrums – gewendet.

(DK)

## 3. Die Inschrift (Datierung)

In einem ungerahmten Feld[15] auf der Vorderseite des Sockels befindet sich die vierzeilige Inschrift (Abb. 11). Diese besteht aus soweit noch erkennbar regelmäßig konstruierten, gleichmäßig und sorgfältig eingehauenen Buchstaben der *capitalis quadrata*, was zu der generell hohen Qualität dieses Monuments passt. Die Buchstaben der ersten Zeile (3,2 cm) sind leicht höher als die der Zeilen 2–4 (2,8 cm). Dreieckige Worttrenner sind in Z. 1–3 noch zu erkennen. Die obere linke Ecke in Z. 1 ist ausgebrochen, der Beginn von Z. 4 im unteren Teil abgeplatzt. Die Oberfläche ist teilweise stark verwittert, insbesondere im rechten Drittel, was die Lesung der Buchstaben stark erschwert und stellenweise unmöglich macht. Unter Einsatz von Streiflicht lässt sich noch folgender Text lesen:

[.]ALVTEM ○ CANABARIS
[..]NECIONIVS ○ MODERATṾṢ
[..?]RESPECTIVS ○ C[.]NSTAṆS
[..]ṂP̣[.]IANO ỆT P̣ẠEḶI[.]Ṇ[- - -]

Auflösung: *[S]alutem ○ Canabari(i)s / [Se]necionius ○ Moderatụṣ / [et?] Respectius ○ C[o]nstaṇ[s] / [Po]ṃp̣[e]iano [○?] ệt [○?] P̣ạeḷi[g]ṇ[iano]*

Die Ergänzung ist weitgehend unproblematisch. Die erhaltenen Buchstaben der ersten Zeile lassen zu Beginn nur eine sinnvolle Ergänzung zu dem im Akkusativ stehenden Namen der auf dem Sockel stehenden und somit klar bezeichneten Göttin *Salus* zu. Die Inschrift erwähnt also an erster Stelle das gestiftete Objekt. Das folgende, klar zu lesende *canabaris* muss – vermutlich aus Platzgründen oder grammatikalischem Unverstand – als verkürzt wiedergegebene Form des Dativs oder Ablativs Plural von *canabarius*, *canabariīs* verstanden werden[16]. In der zweiten Zeile steht ein zweigliedriger Personenname, dessen Gentiliz ebenfalls nur eine Ergänzung zu dem auch anderweitig belegten Namen *Senecionius* erlaubt. Gleichfalls unproblematisch ist der folgende Personenname in der dritten Zeile. Am Zeilenende ist noch schwach, aber sicher der obere Bogen des S zu erkennen, das Cognomen muss daher *Constans* gelautet haben. Zu Beginn der Zeile wäre noch genug Platz für ein verbindendes *et*, was eine linksbündige Komposition der Inschrift ergäbe. Größere Schwierigkeiten bereitet allerdings die Lesung der vierten und letzten Zeile. Einen Hinweis auf die Lösung bietet jedoch das noch gut lesbare IANO mit folgender, im Steiflicht erkennbaren ET-Ligatur: Hier stand ein Personenname im Dativ oder Ablativ

15 H 20; B 62,5 cm.

16 Für die vorliegende verkürzte wie auch die ausgeschriebene Form mit hapax legomenon existieren zahlreiche Beispiele für derartige Abkürzungen der Dativ- bzw. Ablativendungen der O-Deklination im Plural (z. B. CIL XIII 6623 = HD042541); auch auf CIL XIII 6730 = HD055177 aus Mainz ist *canabarii* als *canabari(i)* wiedergegeben, wenn hier nicht doch *canabari(us)* gemeint ist.

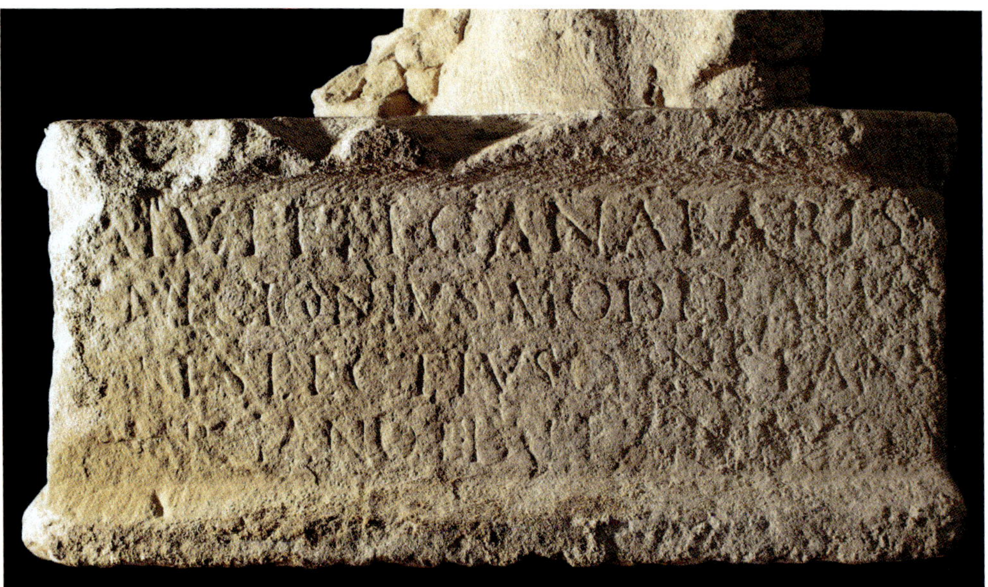

Abb. 11 Die Mainzer Salus, Inschrift auf dem Sockel

verbunden mit *et*. Aus dem Kontext – Abschluss einer Weih- oder eher Stifterinschrift – wird klar, dass hier der Name eines Konsulpaares gestanden haben muss, welches das Jahr der Aufstellung markiert. Der zweite Name ist jedoch stark verwittert. Zu Beginn der Zeile lassen sich noch schwach die oberen Winkel eines N oder M sowie darauffolgend der obere Bogen eines B, P oder R erkennen, mit einem Buchstaben Abstand zum folgenden IANO. Der zweite Name beginnt mit einem Buchstaben mit Vertikalhaste, gefolgt von einem noch an den beiden Schräghasten erkennbaren A, dahinter lassen sich noch drei Vertikalhasten der folgenden Buchstaben erkennen. Schwach ist außerdem eine abfallende Schräghaste zu sehen, die nur zu einem N gehören kann. Gleicht man diese Informationen mit der Liste der kaiserzeitlichen Konsulpaare ab, so wird schnell klar, dass die einzigen beiden Namen, die zu diesen Indizien passen, die der Konsuln des Jahres 231, L. Ti. Claudius Pompeianus und T. Flavius Sallustius Paelignianus, sind[17]. Die letzte Zeile ist damit sicher zu *Pompeiano et Paeligniano* zu ergänzen. Für ein abschließendes *co(n)s(ulibus)* reicht der Platz allerdings nicht mehr aus. Denkbar wäre, dass der Name aus Platzgründen abgekürzt wurde[18]. Aufgrund des Zustandes des Zeilenendes lassen sich hierzu keine Aussagen treffen.

Die Inschrift lässt sich somit vollständig rekonstruieren: Es handelt sich um eine Stifterinschrift, welche die Dedikation dieser Götterstatue dokumentiert. Genannt wird zunächst der

17 Pompeianus: PIR² C 0972; Paelignianus: PIR² S1 0630.

18 Solche Abkürzungen sind selten, kommen aber vor, denkbar wäre also z. B. *Paeli[g]n[i(ano) co(n)s(ulibus)]*. Von einer möglichen Anbringung auf der unteren Rahmenleiste ist keine Spur zu erkennen.

Name der Göttin Salus; bemerkenswert ist hierbei die bei lateinischen Inschriften seltene Nennung im Akkusativ[19]. Es ist also kein Weihgeschenk *an* die Göttin, sondern die Stiftung einer Statue derselben. Es folgt im Dativ die Nennung der Personengruppe, der diese Stiftung galt, und zwar den Bewohner:innen der *canabae legionis – canabari(i)s*. Auch dies ist ungewöhnlich, denn das Wort *canabarius*, das einen Einwohner der *canabae* bezeichnet, ist äußerst selten und erscheint in dieser Form nur auf drei Inschriften, von denen zwei aus Mainz stammen und die, wie unsere Inschrift, die *canabarii* im Plural, also als Kollektiv erwähnen[20]. In der zweiten und dritten Zeile stehen im Nominativ die Namen der beiden für die Aufstellung verantwortlichen Personen, die Lesenden und Betrachtenden prominent präsentiert werden: Senecionius Moderatus und Respectius Constans. Wie bei aufwendigeren Stiftungen und insbesondere im militärischen Kontext oft zu sehen, folgt die Datierung durch die Namen der Konsuln, infolgedessen Inschrift und Monument sicher in das Jahr 231 n. Chr. zu datieren sind. Es fehlen die seit der zweiten Hälfte des 2. Jhs. sehr häufige einleitende Loyalitätsformel *in honorem domus divinae*, wie sie auf der zweiten hier vorgestellten Inschrift prominent erscheint (Anhang 1), sowie ein Verb wie *posuerunt, (dono) dederunt* o. Ä., das auf den Akt der Aufstellung Bezug nimmt. Die Bedeutung wird jedoch auch unter Auslassung implizit klar, so dass eine gesonderte Erwähnung oft entfällt.

Zu übersetzen ist die Inschrift: „Die(se) Salus den Bewohnern der Canabae Senecionius Moderatus und Respectius Constans, als Pompeianus und Paelignianus (Consuln waren).“

(JO)

19 Dazu weiter unten Kap. 6.

20 CIL XIII 6730 = HD055177 (*canabari(i)*); CIL XIII 11806 = HD003764 (*canaba[ri(i)]*). Eine dritte Inschrift stammt aus *Brigetio* AE 1969/70, 464 = HD012031 (*canabario*).

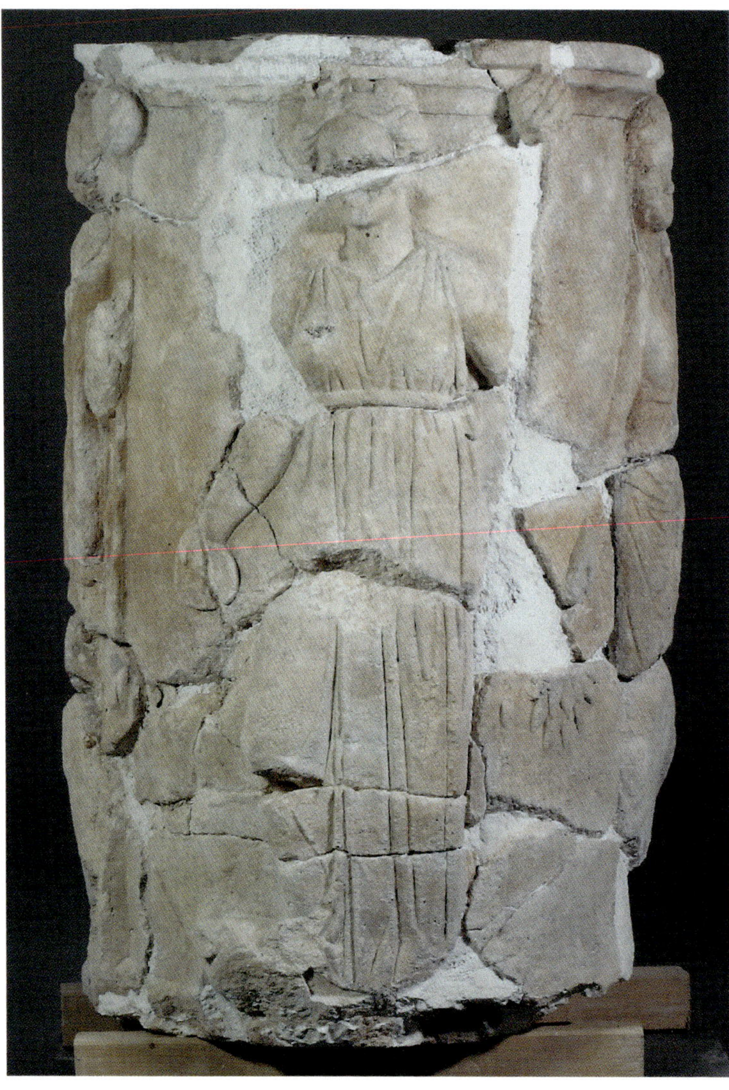

Abb. 12
Die Salus der großen Mainzer Jupitersäule. Landesmuseum Mainz, Inv. S 137

## 4. Rekonstruktion

Durch die Inschrift als Salus gesichert, verweist das Bildwerk wohl auch selbst auf seine Identifikation. Seine Schlange bildet ein geläufiges, wenngleich nicht spezifisches Attribut. Spezifischer könnte hingegen der Rindskopf unter dem linken Fuß für die Göttin sein (Abb. 9). Zumindest gibt es einige weitere Darstellungen junger Frauen, die ihren Fuß in gleicher Weise auf einen Rindskopf aufsetzen: Deren bisher konträre Diskussionen in der Forschung werden nun mit der Mainzer Skulptur erstmals auf eine verbindliche Grundlage gestellt. Im Einzelnen handelt es

Abb. 13
Statuette der Diana, gefunden in Woodchester, Gloucestershire. London, British Museum, Inv. 1811,0607.1

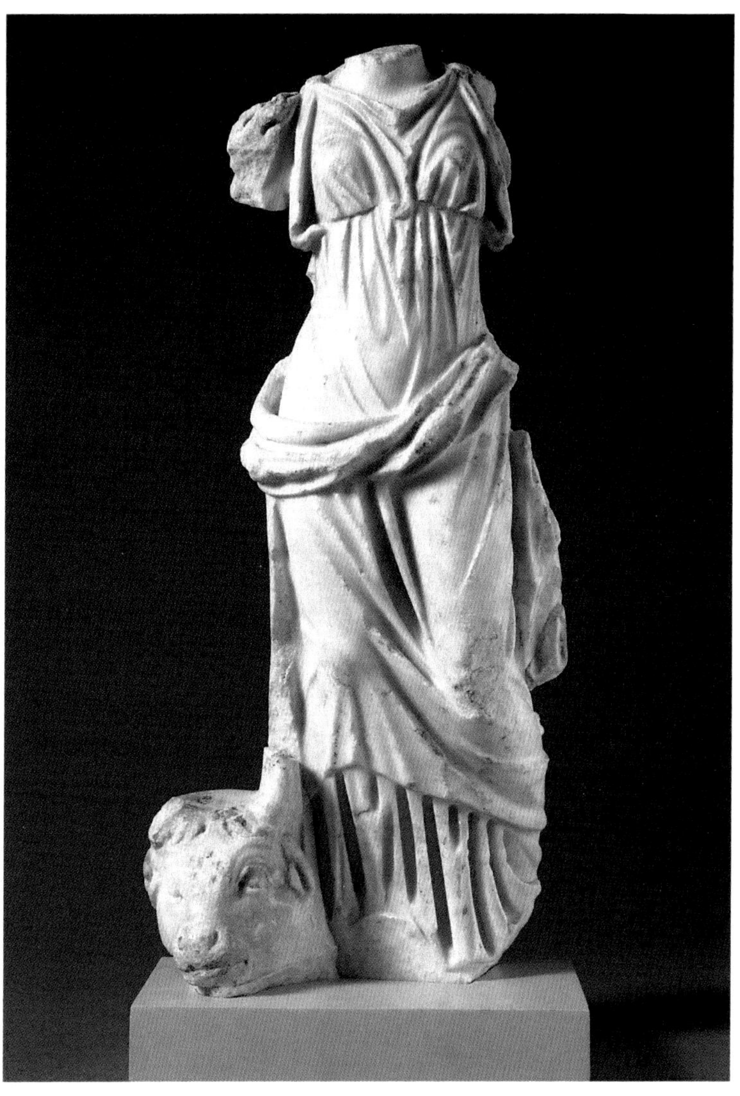

sich um eine Reliefdarstellung an der Mainzer Jupitersäule (Abb. 12)[21], eine Statuette mit hoch gegürtetem Gewand aus Woodchester, Gloucestershire (Abb. 13)[22], und eine unterlebensgroße, 1872 in den Thermen des Flottenlagers Alteburg in Köln-Marienburg (ebenfalls gemeinsam mit

21 Relief an der dritten Trommel der Jupitersäule, Mainz, GDKE Landesmuseum Mainz, Inv. S 137: Bauchhenß 1984a, 7 f. 17 f. Taf. 19. 34,5; Schollmeyer 2022, 66 f. 70 Taf. 21. Der Rindskopf ist gut zu erkennen auf den Aufnahmen: lupa.at/32955-4 bzw. 32955-4a.

22 Statuette der Diana, gefunden in Woodchester, Gloucestershire; aufbewahrt in London, British Museum, Inv. 1811,0607.1: Henig 1993, 4 Nr. 4 Taf. 3; Johns 2003, 27–29. Abb. 2. Die Darstellung wird bisher allgemein als Diana gedeutet.

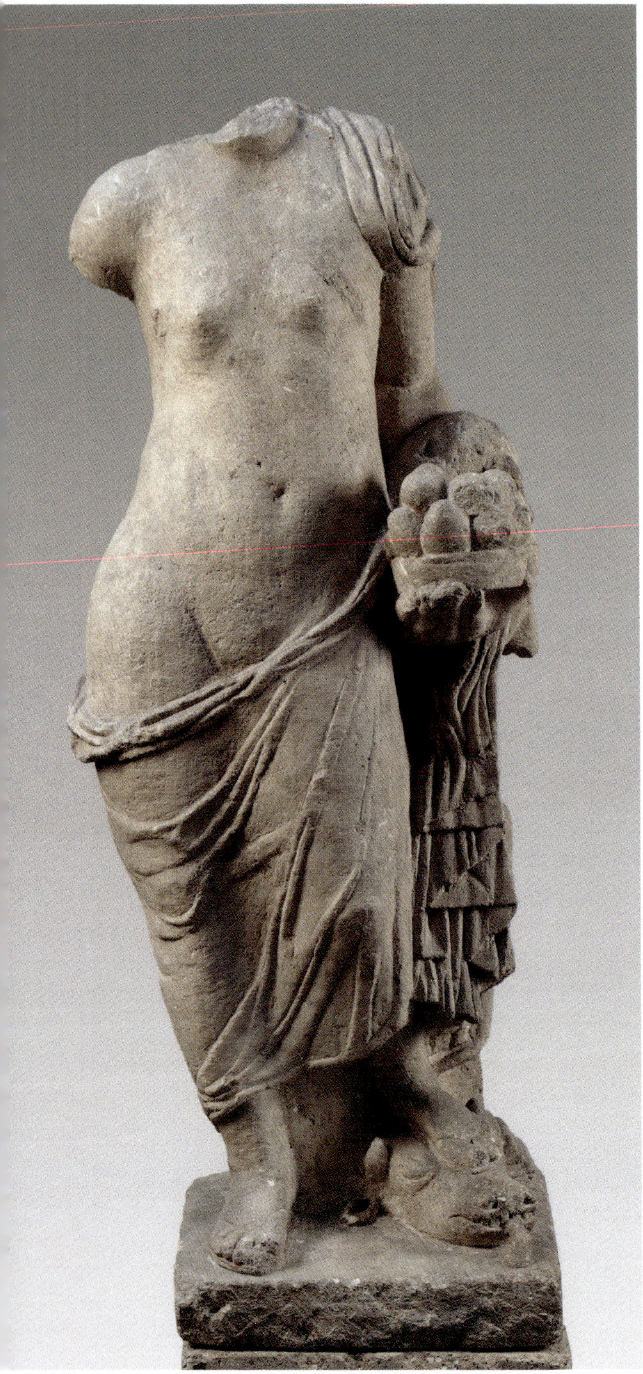

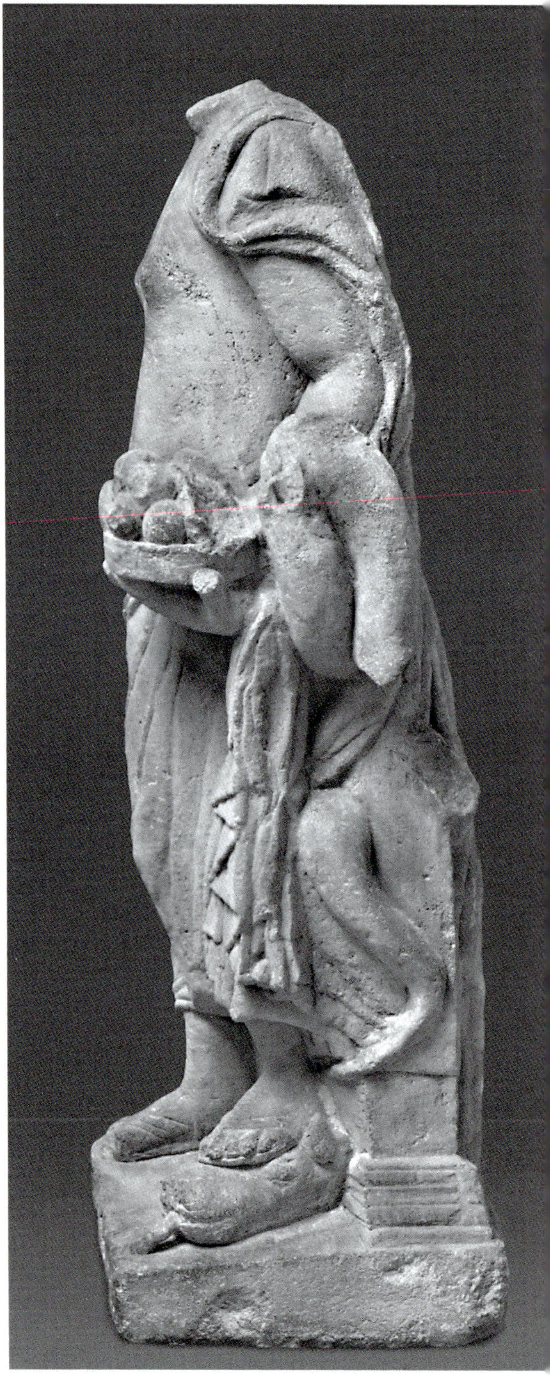

Abb. 14. 15 Salus aus dem Flottenlager Alteburg, aus Köln-Marienburg. Köln, Römisch-Germanisches Museum, Inv. 0241

einem männlichen Statuenfragment) gefundene Skulptur aus Köln (Abb. 14. 15)[23].

Von den verlorenen Teilen der Mainzer Salus lässt sich anhand des Stückes selbst und im Vergleich mit den genannten sowie weiteren Salusdarstellungen bedingt noch eine Vorstellung gewinnen. Die Schlange auf dem Oberarm ist auffallend dünn und kann kaum wesentlich länger gewesen sein, als sich ihr Verlauf im Bruch noch nachvollziehen lässt (Abb. 10). Denkbar wäre, dass sie wie bei einer Salusdarstellung aus der Nähe von Schlossau von der linken Hand gehalten wurde (Abb. 16)[24]. Münzbilder zeigen die Göttin thronend wie stehend, mit einer Patera; seit Galba und in der flavischen Zeit auch in Kombination mit einer Schlange (Abb. 25)[25]. In derselben Weise wie die Münzbilder präsentiert die Kölner Salus der Schlange eine runde Platte oder Schüssel, die hier mit Eiern, vielleicht Früchten gefüllt ist (Abb. 14. 15). Die stadtrömische wie provinziale Überlieferung legt es nahe, eine gleiche Ausstattung für die Mainzer Statue zu postulieren. Im Kastell Zugman-

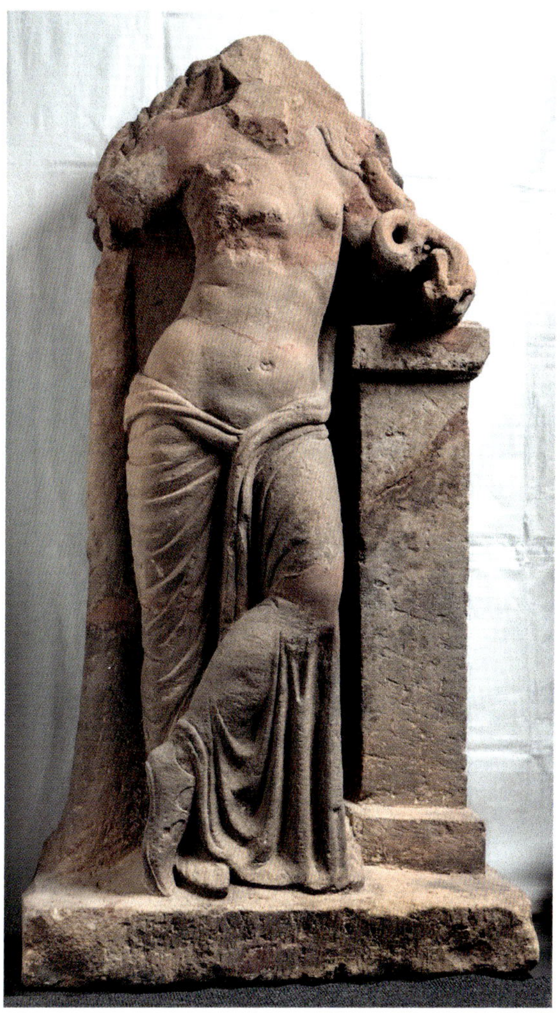

Abb. 16 Salus aus Schlossau. Osterburken, Römermuseum, Inv. 1884-1-9000-2

23 Römisch-Germanisches Museum Köln, Inv. 0241: Wolf 1889; Espérandieu VIII (1922), 333 f. Nr. 6421; Hanel 2000, 28 f.; Dodt 2001, 280; Gregarek 2001, 561–564 Abb. 24–29; von Hesberg 2003, 179 Abb. 9; Noelke 2012, 409. 476 Abb. 20. 74 a. b mit Anm. 426 für weitere Lit.; Euskirchen 2015, 211. 213.

24 Römermuseum Osterburken, Inv. 1884-1-9000-2. Die in der Umgebung von Schlossau in einem Limesturm gefundene Statuengruppe stammte ursprünglich wohl aus dem Kastell Oberscheidental, Neckar-Odenwald-Limes (Winkler 1995, 101). Neben der meist frühseverisch angesetzten Datierung (Kousser 2006, 235; Kousser 2008, 93, mit Verweis auf Stoll 1992, 523) sind allerdings auch die ursprüngliche Einheitlichkeit der Gruppe (Größendifferenz zum Mars) und der ursprüngliche Aufstellungsort nicht über jeden Zweifel erhaben (Noelke 2012, 406 mit Anm. 54). Zur Statuengruppe ferner: Espérandieu X,2 (1931), Nr. 213; Filtzinger 1986, 409; Stoll 1992, 522–529 Nr. III 2a,1; Winkler 1995, 196 f. A 18 Taf. 10,1; Kousser 2006, 235–238. Abb. 71; Kousser 2008, 96 Abb. 48.

25 Winkler (1995, 90–97) erkennt bereits eine Übernahme des Motivs aus der Hygieia-Ikonographie in die neue Konzeption der Salus Augusti.

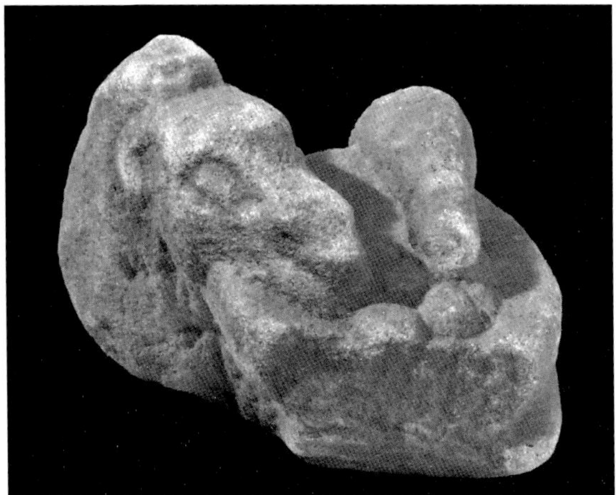

Abb. 17 Fragment einer Schale mit Schlange; gefunden 1913 im Kastell Zugmantel im Taunus. Bad Homburg, Kastell Saalburg, Inv. ZV 315

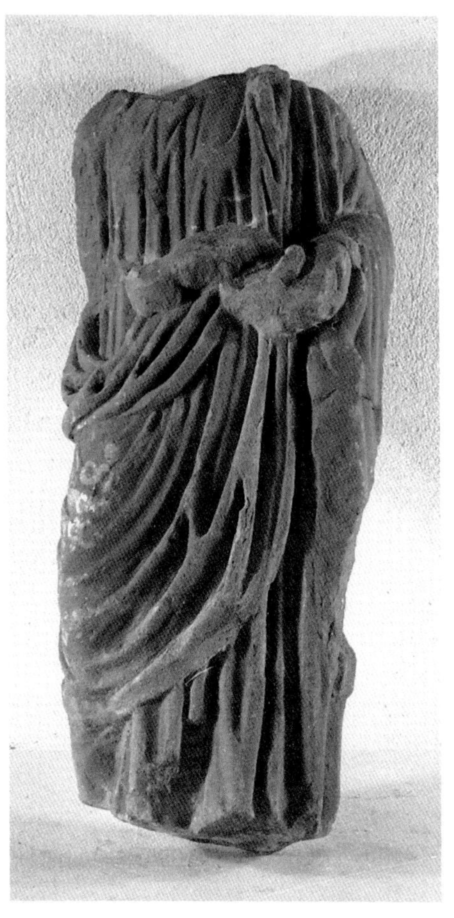

Abb. 18 Statuette der Sirona. Landesmuseum Mainz, Inv. S 828

tel am Taunuslimes wurde das Fragment einer mutmaßlich rundplastischen Skulptur[26] gefunden, das der Mainzer maßstäblich entspricht (Abb. 17)[27]. Es besteht wiederum aus einem Gefäß, das hier als bauchige Schale gestaltet ist. Die Unterseite wird vom zweiten bis fünften Finger einer linken Hand getragen, während der Daumen, anders als beim Kölner Standbild, auf der Oberseite den Rand der Schale hält. Im Inneren sind einige runde Gebilde (möglicherweise Eier?) angeordnet. Ihnen gilt sichtlich das Interesse der Schlange, die den hier gut erhaltenen Kopf von der rechten Seite über den Rand hineingeschoben hat. Die Bruchfläche im Handgelenk der Mainzer Skulptur lässt sich mit einer analogen Ergänzung vereinbaren: Die Ausbuchtung an ihrer rechten Seite findet in der Schlange eine stimmige Erklärung. Das aus der Hygieia-Ikonographie übernommene und auf den Münzen der Salus ab dem fortgeschrittenen 1. Jh. n. Chr. konstant festgehaltene Element der Schlangenfütterung[28] ist, um ein räumlich

26 Denkbar wäre, wenngleich weniger wahrscheinlich, auch ein Hochrelief.

27 Gefunden 1913 im Kastell Zugmantel im Taunus, Heiligtum Nr. 100; aufbewahrt in Bad Homburg, Kastell Saalburg, Inv. ZV 315; Mattern 1999, 110 f. Nr. 127 Taf. 60.

28 Saladino 1994, 659; Kousser 2006, 236.

nahes Beispiel anzuführen, für Mainz auch in einer Statuette der Sirona (?) (Abb. 18) nachweisbar[29].

Die einstige Ausstattung auf der anderen Seite der Skulptur muss notwendigerweise von der rechten Hand gehalten worden sein, sofern man nicht annimmt, es habe sich nur um ein kleineres Gebilde gehandelt, befestigt allein an dem Steg vor der Achselhöhle. Parallelen für ein gleichsam schwebendes Attribut wären schwer zu finden. Auszugehen ist vielmehr von einem langen, mindestens bis in Schulterhöhe reichenden Gegenstand. Prinzipiell kommen mehrere in Betracht: Unwahrscheinlich ist eine Ergänzung mit einer Cornucopia in Analogie zu weiteren segenbringenden Begriffsgottheiten wie Concordia, Fortuna oder Pax. Nicht ikonographische, sondern motivische Bedenken geben hier den Ausschlag[30]: Füllhörner liegen bei rundplastischen Darstellungen regelmäßig unmittelbar am Oberarm bzw. Gewand bis zur Schulter an, was bei einer Skulptur nicht zuletzt statische Gründe hatte[31].

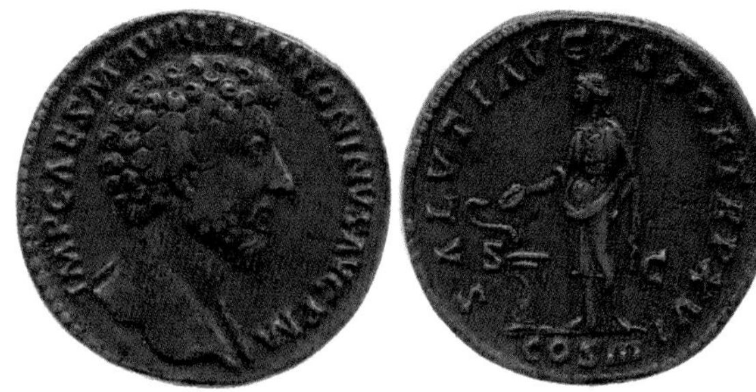

Abb. 19 Sesterz des Marcus Aurelius aus dem Jahr 161/162 mit Salusdarstellung. RIC III Marcus Aurelius Nr. 835

Bei dem verlorenen Objekt ist eher ein stabförmiges Gebilde von vergleichsweise geringem Gewicht zu erwägen. Der Forderung nach einem leichten Gegenstand, der auch nicht geschultert werden muss, käme optimal ein schlichter Stab ohne Zusätze wie Schlangen eines Caduceus oder Ausstattungselemente eines Signums entgegen. Ein Zepter, wie es auf Münzen der Salus vorkommt[32], beispielsweise auf einem im Jahr 161/162 geprägten Sesterz des Marc Aurel (Abb. 19)[33], würde diese Bedingungen erfüllen.

Mit jedem denkbaren Vorschlag verbindet sich aber eine Besonderheit: Attribute wie die hier diskutierten finden sich bei ruhig stehenden Figuren gleich welchen Themas generell auf der linken Seite ihrer Träger:innen. Es gibt nur relativ wenige Ausnahmen, etwa wenn der rechte Arm eine besondere Aktivität zeigt[34]. Die Mainzer Statue ermöglichte einen Bruch mit der Re-

29 Fundort unbekannt; Mainz, Landesmuseum, Inv. S 828: Selzer 1988, 225 Nr. 222; Frenz 1992b, Nr. 51 Taf. 45–47. Vgl. eine als Sirona gesicherte Darstellung im Hochrelief und zwei mutmaßlich derselben Göttin geltende Statuen im Rheinischen Landesmuseum Trier (Inv. 39,149; 03,642; 03,638): K. Goethert-Polaschek, in: Binsfeld u. a. 1988, 154–156 Nr. 317–319 Taf. 76. 77.

30 Salus mit Füllhorn auf Münzen: Winkler 1995, 175 f.: „ikonographische Neuerung […] unter Caracalla"; Saladino 1994, 657 Nr. 17. 18 Taf. 499; 658 Nr. 36–38 Taf. 500.

31 Anders häufig bei Bronzestatuetten: Kunckel 1974, Taf. 46. 47.

32 Saladino 1994, 657 Nr. 17. 18 Taf. 499; 658 Nr. 36–38 Taf. 500.

33 RIC III Marcus Aurelius 280 Nr. 835.

34 z. B. Iuno, die lebhaft mit einer Fackel hantiert auf einem Viergötterstein aus Trier; Rheinisches Landesmuseum, Inv. G. 37b: W. Binsfeld, in: Binsfeld u. a. 1988, 179 f. Nr. 351 Taf. 90. – Traditionell können stabförmige Gebilde wie Zepter oder Lanzen von der rechten Hand gehalten werden, finden ihren Platz aber neben der Figur, so schon mindestens seit klassischer Zeit: Bol II (2004), Abb. 112a–d; 136b. c. 138a–c und öfter.

gel, indem sie das Hauptmotiv, die Schlangenfütterung, auf der linken Seite konzentriert, statt analog der Hygieia-Ikonographie den rechen Arm als Halter der Schlange einzubeziehen. Auf jeden Fall ist an der rechten Seite ein komplementärer Aussageträger zu erwarten und kaum eine zweite Schlange: Eine solche hat man zwar an der Salus aus Schlossau zu erkennen geglaubt[35], tatsächlich besitzt diese Figur aber lediglich eine Schlange, die hinter dem Nacken verdeckt – gleichsam im Reliefgrund – von rechts nach links verläuft und auf beiden Seiten sichtbar wird. Der optische Eindruck ist allerdings der von zwei Tieren.

Zuletzt ist darauf hinzuweisen, dass die Statue Analogien zufolge ursprünglich mit einem weißen Überzug versehen und bemalt gewesen sein muss, auch wenn sich davon am Objekt keine Rückstände erhalten haben[36]. Dadurch mögen ursprünglich die einst rot hervorgehobene Inschrift sowie manche heute vergleichsweise unscheinbar wirkende Attribute wie die Schlange ehemals deutlich markiert und auf den ersten Blick ins Auge gesprungen sein[37].

(DK)

35 lupa.at/14947.

36 Die Statue wurde intensiv von Charleen Hack gemeinsam mit den Autoren auf mögliche Farbüberreste überprüft. Daraufhin nahm Roland Schwab (LEIZA) zerstörungsfreie Röntgenfluoreszenzanalysen (RFA) mit einem portablen Gerät der Firma Bruker (Tracer IV-SD) vor. Es wurden mehrere Messungen auf den unterschiedlichen Steinoberflächen und an den Stellen, für die unklar war, ob Farbe erhalten sein könnte, vorgenommen. Der Stein weist demnach einen großflächigen Kalküberzug mit 30 bis 50 Masseprozent Kalziumoxid (CaO) auf. Die Eisengehalte sind inhomogen verteilt, zeigen jedoch keinen nennenswerten Anstieg in den gemessenen Bereichen der vermuteten Farbfassung, während andere, für die Farbgebung relevante Elemente nicht nachgewiesen werden konnten.

37 Vgl. zur Farbigkeit römischer Skulptur im Norden der Germania Superior u. a.: Boppert 1992a, 161; Ronke 2009; Lipps – Berthold 2021.

## 5. Das Statuenschema Mainz/Köln: Entstehung und Bedeutung

Ikonographisch gesehen schließen sich die Statuen aus Mainz und Köln zu einem Schema zusammen, wenngleich das Mainzer Stück die Kölner Statue qualitativ deutlich überragt (Abb. 5–8. 14. 15): Beide Male handelt es sich um eine halbbekleidete junge Frau mit betont jugendlichem, nacktem Oberkörper samt großem Mantel im Hüftbauschtypus. Übereinstimmend haben sie den linken Fuß auf einen Rindskopf gesetzt. Auch ihre linke Armhaltung und das Attribut der Schlange stimmen miteinander überein.

Das Schema erinnert an griechische Aphrodite- und Nikebilder, deren Tradition im Fall der Aphrodite bis ins 5. Jh. v. Chr. zurückreicht. Der signifikant aufgesetzte Fuß begegnet schon bei einer Aphroditestatue in Berlin, die ihren linken Fuß aber nicht auf ein Rind, sondern auf eine Schildkröte stützt (Abb. 20)[38]. Ferner ist auf die häufig vorkommenden Adaptionen der Venus von Capua (Abb. 21)[39] bzw. der Victoria von Brescia (Abb. 22) zu verweisen[40], deren Schema seit flavischer Zeit in Obergermanien reüssiert[41]. Das Motiv des aufgestellten Beines ist für sich genommen jedoch zu unspezifisch, als dass ein einzelnes Werk als Vorbild der Mainzer Salus erkannt werden könnte[42]. Ähnliches gilt für die als konventionell zu bezeichnende Manteldrapierung und das Standmotiv der Mainzer Salus. Sie finden zwar Vergleiche an der Aphrodite Pontia-Euploia (Abb. 23)[43] sowie an einer Reihe späthellenistischer Aphroditestatuetten (Abb. 24)[44], die ebenfalls ein frontal ausgerichtetes Bein mit verkürztem Oberschenkel und flachen, vom Knie herabfallenden Faltenstreifen zeigen, doch unterscheiden sie sich im Detail recht deutlich von der Mainzer Salus. So kennen die meisten dieser Werke nicht die Bedeckung der linken Schulter mit der Mantelbahn, während umgekehrt der Mainzer Salus das für die ‚Aphrodite am Pfeiler' integrale Stützelement fehlt[45]. Einige hellenistische Aphroditefiguren mit hochgestelltem Bein verzichten zwar ebenfalls auf diesen Träger, besitzen aber eine abweichende Manteldrapierung[46]. Mit dem Verzicht auf einen Pfeiler geht ferner eine weitere auffällige Abweichung einher.

38 Staatliche Museen Berlin, Antikensammlung, Sk 1459: Koçak 2013, 7–16 Taf. 1. 2; arachne.dainst.org/entity/1062490 (M. Hofter – A. Fendt) (letzter Zugriff: 19. Januar 2023).

39 Typus der Aphrodite von Capua; Neapel, Archäologischen Nationalmuseum, Inv. 6017: Knell 1993; Knell 1994.

40 Brescia, Museo S. Giulia, Inv. MR 369: Hölscher 1967; Salcuni – Formigli 2011, 5–34.

41 Kousser 2008, 91–100; P. Noelke, in: Lipps u. a. 2021a, 396–399 Kat. 62.

42 Vgl. daneben die Aneignung der Victoria aus der Curia in Rom in Metz: Rose 2017.

43 Die sorgfältigste Replik des späthellenistischen Typus findet sich in Dresden; Staatliche Kunstsammlungen, Skulpturensammlung, Inv. Hm 318: St. Oehmke, in: Knoll u. a. 2011, 270–275 Nr. 39.

44 Koçak 2013, 79–85 L.1.1–L.1.51 Taf. 17–25.

45 Vgl. u. a. Koçak 2013, Taf. 28–30 Nr. I,3,6. I,3,10. I,3,24.

46 Best bekannter Beleg ist die Aphrodite von Melos. Sie öffnet sich aber im Anschluss an die Aphrodite von Capua zu ihrer linken Seite, so dass eine Stütze auch keinen Platz hätte. – Vgl. ferner eine Statuette der Aphrodite aus Argos im Athener Nationalmuseum, Inv. 3248, deren Mantel sich vielfältig um den Körper schlingt: Bol III (2007), Abb. 338 a–d. Vgl. ferner eine Statuette der Aphrodite aus *Dura Europos* im Louvre, Inv. 20.126: Koçak – Kreikenbom 2023, 497 f. Dura 1 Taf. 304A–D.

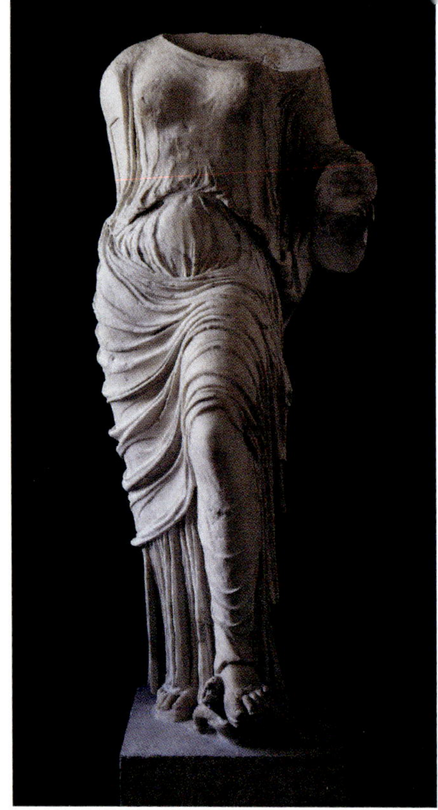

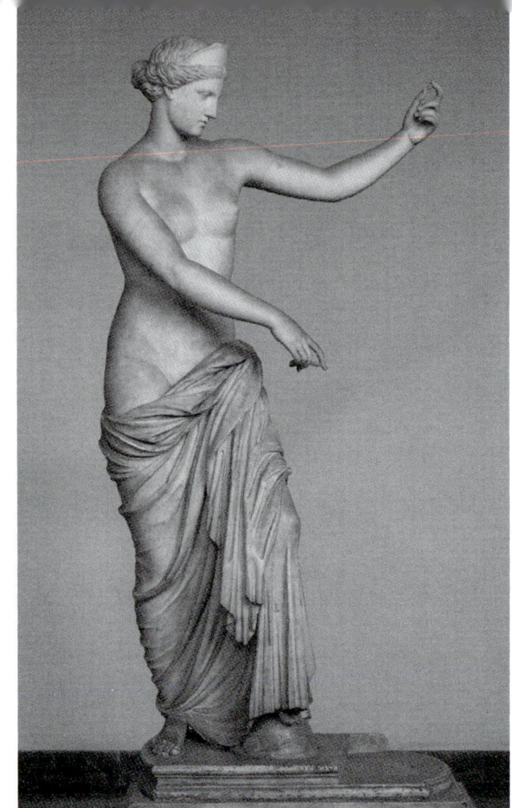

Abb. 20 Statue der sogenannten Aphrodite auf der Schildkröte (Aphrodite Brazzà). Staatliche Museen zu Berlin, Sk 1459

Abb. 21 sog. Venus von Capua. Neapel, Archäologisches Nationalmuseum, Inv. 6017

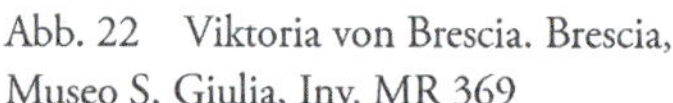

Abb. 22 Viktoria von Brescia. Brescia, Museo S. Giulia, Inv. MR 369

Abb. 23 Aphrodite Pontia-Euploia. Staatliche Kunstsammlungen Dresden, Skulpturensammlung, Inv. Hm 318

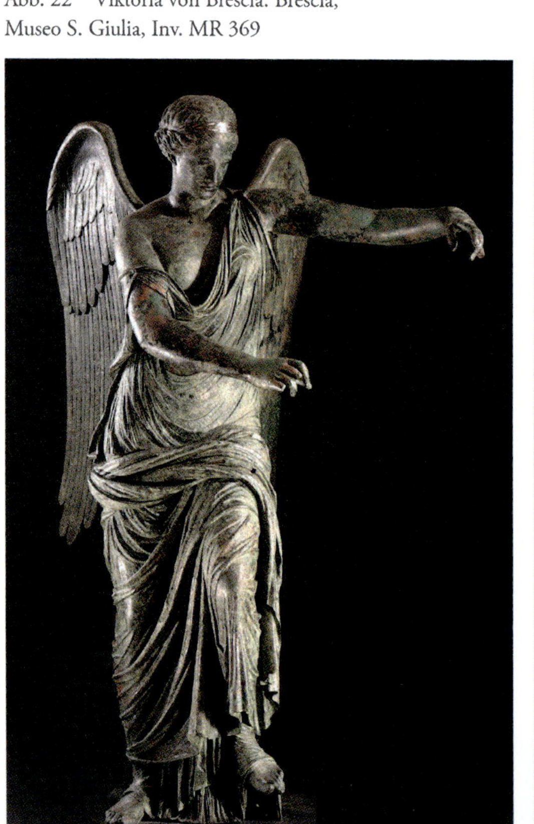

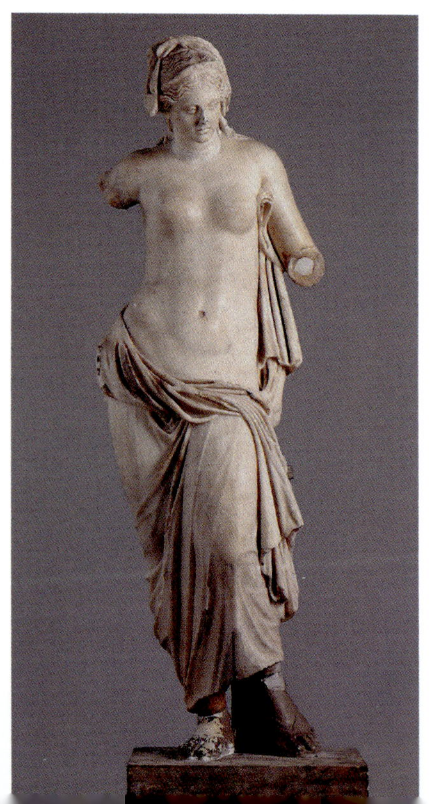

Das hellenistische Schema erlaubt dem Rumpf im Gegensatz zur Salus eine Biegung zur Spielbeinseite, was einzelne Vertreterinnen der Reihe in unterschiedlich starkem Maß nutzen, hier aber eben wegen der fehlenden Stütze nicht möglich ist. Sichtlich aber griff der Künstler, der die Salus oder ihr Schema konzipierte, jedoch auf hellenistische Körperideale zurück, was an der geschwungenen Kontur der rechten Seite vom Oberschenkel an aufwärts wie auch am Gegensatz von breitem Becken und schmächtigem Oberkörper einschließlich kleiner Brüste deutlich wird.

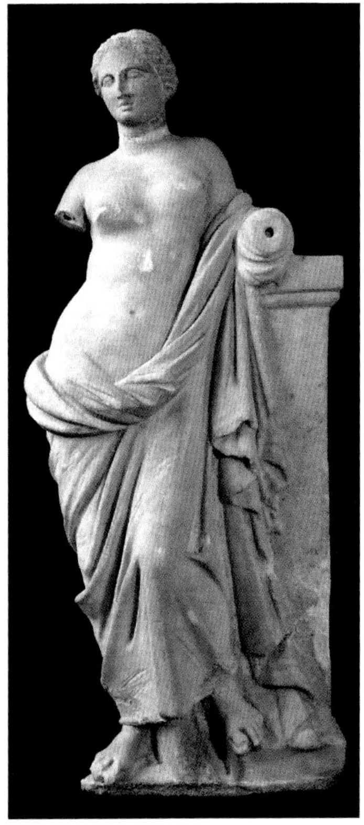

Abb. 24 Aphroditestatuette aus Priene. Istanbul, Archäologisches Museum, Inv. 1052

Der Abstand zu späthellenistischer Skulptur wächst, sobald man die Mantelgestaltung detailliert in die Betrachtung einbezieht. Gemessen an Arbeiten des späten 2. und 1. Jhs. v. Chr. wirken die langen Faltenbögen sortiert und aufgereiht, an einheitliche Reliefhöhen gebunden. Sie ersetzen auf solche Weise den hellenistischen Kontrast von gliedernden, punktuell vorspringenden Faltenlinien und flächigen Abschnitten[47]. Die klassizistisch stilisierte Faltenarbeit an der rechten Seite einer antoninischen Variante vom Typus der Aphrodite von Capua bietet gute Entsprechungen[48]. Dass die Formen sich graduell unterscheiden – enger gesetzte, präziser konturierte Zugfalten mit schmaleren Rücken bei der früheren Arbeit –, zeugt lediglich von anderem Zeitstil. Die Gestalt der Motive und deren Arrangement sind dagegen gleich.

Die Statue rekurriert folglich typologisch auf spätklassische und späthellenistische Aphroditedarstellungen aus dem Mittelmeerraum und der entwerfende Bildhauer muss u. E. konkrete, wie auch immer geartete Anschauung vergleichbarer Werke besessen haben. Doch lassen sich im Bestand antiker Skulpturen keine Vorlagen oder auch nur Teilvorlagen für die Mainzer Salus erkennen, die eins zu eins kopiert worden wären. Vielmehr dürfte das Salusschema eine in den Nordwestprovinzen häufig zu beobachtende Weiterentwicklung mit kreativer Eigenleistung darstellen, wie es für die dortigen Skulpturen typisch ist[49].

47 Einen engen Vergleich in der obergermanischen Skulpturenproduktion bietet die Victoria eines zeitgleich datierbaren Heidelberger Dreigöttersteins; Mannheim, Reiss-Engelhorn-Museen, ohne Inv.: P. Noelke, in: Lipps u. a. 2021a, 411–415 Kat. 67,5. 6). Zur geringeren Qualität der Körperbildung s. unten Anm. 146.

48 Statue der Faustina minor (?) in einer Gruppe mit Marc Aurel (?); Rom, Museo Capitolino, Salone 34, Inv. 652: Fittschen – Zanker 1983, Taf. 74. Gleichmäßiger ausgeleuchtete Wiedergabe der Beinpartie: Schmidt 1968, Taf. 64.

49 Vgl. dazu allgemein die Beiträge in Lipps u. a. 2021b.

Da das Statuenschema sowohl aus dem mittelkaiserzeitlichen Köln[50] als auch aus dem spätseverischen Mainz überliefert ist, besaß es anscheinend eine längerfristige Gültigkeit – zumindest innerhalb eines regionalen Rahmens. Zwar hat die Forschung der vergangenen Jahre in Absetzung zu älteren Sichtweisen zurecht darauf hingewiesen, dass antike Statuenschemata grundsätzlich frei in neue Kontexte überführbar waren, dabei mit völlig neuen Bedeutungen versehen werden konnten und semantisch folglich nicht zwangsläufig von alles überschattenden ‚Originalen' abhängen müssen[51]. Doch scheint uns das sowohl in Mainz als auch in Köln beibehaltene und vermutlich auch für antike Betrachtende erklärungsbedürftige Attribut des schon auf der großen Mainzer Jupitersäule vorhandenen Rindskopfes so signifikant, dass wir die beiden Salusdarstellungen sowohl formal als auch semantisch auf dieselbe autoritative Vorlage zurückführen möchten[52]. Ikonographisch wirkmächtige Kultbilder hat es in den Nordwestprovinzen zahlreich gegeben[53], doch haben sie sich kaum erhalten und sind im Unterschied zu Rom auch nicht in lokalen Münzprägungen visualisiert, weshalb in der Forschung gern typologisch spezifische Votivplastiken – etwa leicht abweichende Schemata der kapitolinischen Trias[54], Matronenbilder[55] oder eine der Brescia verwandte Victoria[56] – unterschiedlich plausibel auf berühmte und mit Vorliebe in den Provinzhauptstätten wie Mainz und Köln lokalisierte Kultbilder zurückgeführt werden[57]. Gerade in Mainz haben sich mit knapp vierhundert Monumenten mehr Weihdenkmäler als in jeder anderen römischen Stadt der Nordwestprovinzen erhalten, die zu einem guten Teil von Militärs stammen und der kapitolinischen Trias sowie im weitesten Sinne dem Kaiserhaus gelten, daneben aber auch zahlreiche lokale Kulte bezeugen und in ihrer Gesamtheit als impulsgebend für die Provinz angesehen werden[58].

50 Die Datierung der Kölner Salus lässt sich nur stilistisch ermitteln. Demnach ist das Stück nicht vor flavischer Zeit entstanden. Die vorgeschlagene Datierung in vespasianische Zeit (von Hesberg 2003, 179 mit Anm. 21; Schäfer 2016, 41 f.) erscheint aber vielleicht ein wenig zu früh.

51 Eindrucksvoll aufgezeigt bspw. für die sog. Aphrodite Louvre-Neapel von Kathrin Zimmer (2014) oder für den sog. Epheben Westmacott von Paul Zanker (1974, 23 f. 28 f.).

52 Vgl. andere durch ihre Zusammenstellung oder Attribute besonders spezifische Statuenschemata wie die Tyrannenmördergruppe oder die Athena Parthenos, denen auch in späteren Reproduktionen in der Regel ein Verweis auf die Bedeutung ihrer formalen Vorlage(n) eingeschrieben war: Lipps 2023. Mit Blick auf Kultbilder sei auf die Konzeption und Verbreitung der Mithrasreliefs verwiesen: Boschung 2015.

53 s. zuletzt Kiernan 2020, der auf S. 225 auf die Probleme der Unterscheidung von Kult- und Votivbild hinweist.

54 Krause 1989; Griesbach 2021a, 545–547 Kat. 116.

55 Eine Abhängigkeit der Bonner Matronenaltäre des Aedicula-Typus vom Kultbild des Bonner Heiligtum der Aufanien vermuten Gabelmann 1972, 124–126 und Horn 1987, 41–43. Das Aussehen anderer Denkmäler der Matronenverehrung aus Köln werden hingegen auf dortige Kultbilder zurückgeführt: Thomas 2014, bes. 131 f; Laufer 2014, 187–193.

56 Peter Noelke vermutet etwa ein am Typus Brescia orientiertes Kultbild der Victoria im flavischen Mainz (Noelke 2020/21).

57 Vgl. zu Köln: Spickermann 2008, 85–89. 194–206; zu Mainz: Spickermann 2003, 85–91. 211–213. 467–475.

58 Spickermann 2003, bes. 467–472.

Sollte das Statuenschema Mainz/Köln auf ein solches Kultbild oder eine andersartig genutzte Vorlage rekurrieren, so würden wir uns das autoritative Werk am ehesten als lokale Neukonzeption vorstellen, deren Entstehung wir – freilich hypothetisch – auf Grundlage (1) ikonographischer, (2) religionshistorischer und urbanistischer sowie (3) ereignisgeschichtlicher Argumente am Beginn der mittleren Kaiserzeit, am ehesten in domitianischer Zeit, postulieren möchten:

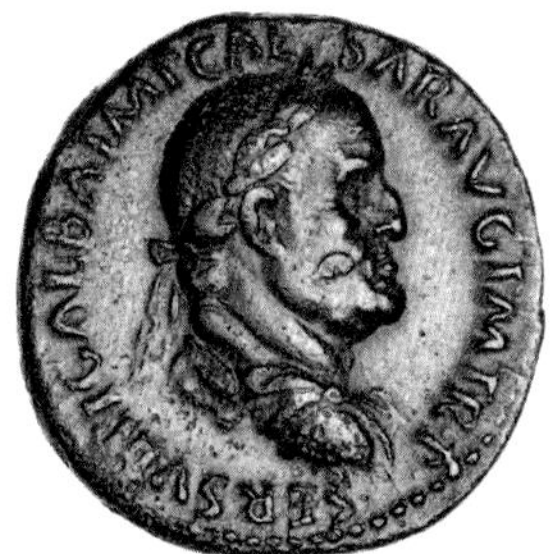

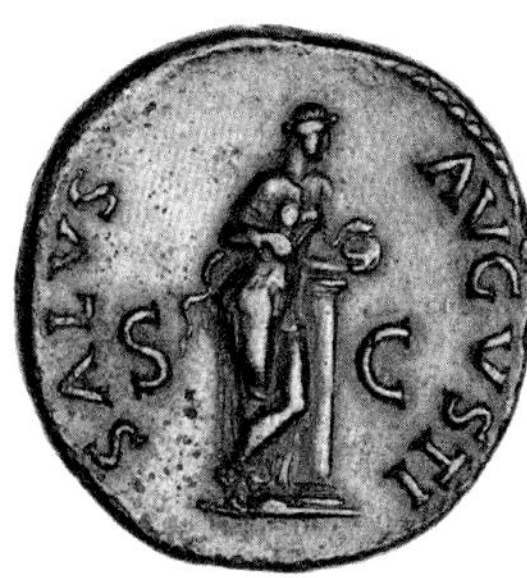


Abb. 25 As des Galba aus dem Jahr 68/69 mit Salusdarstellung. RIC I2 Galba Nr. 503

(1) Der Begriff Salus und die damit verbundenen Vorstellungen waren seit der Republik zahlreichen Transformationen unterworfen, wobei Salus bis in flavische Zeit immer stärker vom Kaiserhaus bzw. Kaiser selbst vereinnahmt und auf diesen bezogen wurde. Dabei führte das Verständnis der Salus als zwischen dem allgemeinen Staatswohl und dem Kaiser oszillierender Heilsvorstellung dazu, dass allem Anschein nach trotz einer 11/10 v. Chr. durch Augustus in Rom gestifteten Statue der Salus Publica (gemeinsam mit Pax und Concordia)[59] im iulisch-claudischen Rom kein eigener, durch Attribute klar kenntlich gemachter Bildtyp ausgeprägt wurde[60]. Erst unter Galba und fortgeführt in flavischer Zeit findet sich eine mit spezifischen Attributen ausgestattete Salusdarstellung (Abb. 25)[61]: Sie steht mit überkreuzten Beinen, neigt sich vor, stützt ihren linken Ellenbogen auf eine Säule oder Pfeiler, hat ihren rechten Arm gewinkelt und zeigt in der rechten Hand erstmals das der Hygieia-Ikonographie entlehnte Motiv der Schlangenfütterung. Das Bild steht wohl im Zusammenhang mit der Konzeption und Verehrung einer Salus Augusti und ist nur auf Münzen dokumentiert, wird aber hypothetisch auf eine in Rom bekannte, rundplastische Vorlage zurückgeführt[62]. Salus ist zunächst züchtig bekleidet, doch noch in flavischer Zeit rutscht das Untergewand von der Schulter und gibt die rechte Brust

59 Cass. Dio 54,35,2; Marwood 1988, 151; Winkler 1995, 37–40.

60 Neronische Prägungen zeigen Salus thronend im Typus der Concordia mit Patera, aber noch ohne Schlange: RIC I$^2$ Nero 59. 60. 71; Schmidt-Dick 2002, 105 SALUS f5A/02 Taf. 46.

61 Die Darstellung findet sich zuerst auf einigen Münzen Galbas: RIC I$^2$ Galba 501–503. Laut Winkler 1995, 90, der sich auf H. Mattingly in BMCRE I S. CCXII– CCXIII beruft, handele es sich um postume Prägungen. Für diese Mutmaßung fehlt aber ein erkennbarer Anlass. Vgl. RIC I$^2$, 222 f. (Sutherland); Schmidt-Dick 2002, 105 SALUS fiB/04 Taf. 47; Levick 2017, 76.

62 Winkler 1995, 100. Körperhaltung und Stützmotiv folgen einem späthellenistischen Bildschema junger Frauen, vgl. Koçak 2013, Beil. 22 Nr. 10; 23 Nr. 2. 3. Mehrfach wurde bereits eine direkte Abhängigkeit von späthellenistischen Arbeiten postuliert, s. die Nachweise bei Winkler 1995, 99 Anm. 494. – In dem Typus ist aber keineswegs nur Salus wiedergegeben; die Bedeutung ist jeweils kontextuell zu verstehen. Auf dem Relief von Loukou erscheint der Typus als Assistenzfigur und ist inschriftlich als Euthenia bezeichnet: Lo Monaco 2014, 255 Abb. 2.

frei[63]. Auf hadrianischen Medaillonen entfällt das Untergewand dann vollständig. Der Mantel gleitet so weit abwärts, dass er das Gesäß umrundet[64]. Dieser Salus-Typus bzw. sein Schema findet sich auf Münzen zunächst als Einzelfigur, später auch in unterschiedlicher Vergesellschaftung und so wiederum in anderen Medien[65]. Eine vergleichbare Bildfindung begegnet später als Teil der oben bereits genannten mittelkaiserzeitlichen Skulpturengruppe in der Umgebung von Schlossau (Abb. 16)[66]. Da die Darstellung der Salus auf der großen Mainzer Jupitersäule, die anhand des Rindskopfes eindeutig identifiziert werden kann, aus neronischer Zeit noch deutlich vom vorliegenden Statuenschema abweicht, es bei unserer Statue aber umgekehrt das Motiv der Schlangenfütterung in ikonographischer Analogie mit der seit nachneronischer Zeit in Rom auf Münzen geprägten Salus gibt, halten wir eine Entstehung des Statuenschemas Mainz/Köln vor dem Vierkaiserjahr für unwahrscheinlich.

(2) Mainz wie auch Köln befanden sich in flavischer Zeit in einer Phase wirtschaftlicher Blüte und avancierten in den 80er Jahren des ersten Jhs. n. Chr. zu den Hauptstädten der neu gegründeten Provinzen Germania Superior und Inferior[67]. Damit verbunden war eine religiöse Neuordnung der Verhältnisse: Hatten bis dahin lokale religiöse Traditionen und Kulte der Eroberer mehr oder weniger nebeneinander existiert[68], lässt sich ab flavischer Zeit in Germanien grundsätzlich und in den Hauptstädten im Besonderen ein massiver und raumgreifender Aus- und Neubau großer Heiligtümer beobachten, für die von mediterranen Schemata inspirierte Götterbilder geschaffen wurden. In Köln entstanden allein am Rheinufer in den letzten beiden Jahrzehnten des 1. Jhs. mindestens drei große Heilig-

63 Winkler 1995, Taf. 4,5.

64 Winkler 1995, 97. Zum Phänomen der Erotisierung vgl. Euskirchen 2015.

65 Vgl. Lo Monaco 2014, 255–257.

66 s. Anm. 24. Dass es sich bei der in Hochrelief gestalteten Salus um eine bewusste Rezeption handelt, belegt auch das Beiwerk. Von der Vorlage – mutmaßlich einer Münze oder, weniger wahrscheinlich, einem Relief (vgl. ein mittelantoninisches Medaillon und ein Relief im Konservatorenpalast: Winkler 1995, 98 Taf. 5,5 und 4; Lo Monaco 2014, 256 f. Abb. 13. 14) – wurde der Baum seitlich der Göttin mit übernommen. Spielte er dort eine nicht unwesentliche Rolle, um den Ort des Geschehens zu markieren, ist er hier auf eine Rahmenfunktion reduziert, wird sogar etwas von der Salus verdeckt. Dem Bildhauer in der Germania superior waren andere Aspekte wichtig: der Pfeiler, die sich vielfältig windende Schlange und eine Mantelstilisierung in Anlehnung an die späthellenistische Venus Pudica. Zum Typus: Schröder 2004, 169–173 Kat. 128. Vereinfacht ist der Mantel insofern, als er entgegen dem Typus nicht vor der Scham von der linken Hand der Aphrodite gehalten wird. Diese Veränderung ist innerhalb des Schemas mehrfach anzutreffen, vor allem bei Nachbildungen als Nymphe; s. Freyer-Schauenburg 2017, 198–200 Abb. 8. 9. Die der Identifikation dienenden Elemente werden betont. Das gilt in derselben Weise für die Victoria Augusti aus derselben Gruppe, die mit der Salus in jeder Hinsicht korrespondiert. Beide Figuren sind gleichrangig und gleichwertig. Weit überragt werden sie von ihrem zentralen Bezug: dem im Verhältnis zu ihnen riesigen Kriegsgott.

67 Wolters 2020, 28–50.

68 Eine Synthese frühkaiserzeitlicher Religionsgeschichte in Germanien findet sich bei Spickermann 2001, 36 f. Für Mainz speziell: Spickermann 2003, 85–91.

tümer[69]. Und auch in Mainz lassen sich neben einem sprunghaften Anstieg an Weihdenkmälern seit flavischer Zeit[70] gleich mehrere Kultkomplexe in der zweiten Hälfte des 1. Jhs. fassen: Die weit über die Provinzgrenzen hinausreichende Bedeutung, die Mainz für den Kaiserkult seit Drusus Tod im Jahr 9 v. Chr. hatte und die sich u. a. in der Anlage des Drususkenotaphs[71] und des Germanicusbogens[72] sowie deren jährlicher ritueller Bespielung durch Militär und Gesandtschaften von ca. 60 Stammesgemeinden der Gallier und linksrheinischen Germanen manifestiert[73], scheint auch in diesen späteren Monumenten seinen Niederschlag zu finden. Daran knüpft in gewisser Weise in spätneronischer Zeit die sog. Große Jupitersäule an, die zum Vorbild von hunderten Nachahmungen in der mittleren Kaiserzeit avancieren sollte[74], und PRO SALUTE NERONIS gestiftet wurde[75]. Eine ähnliche Stoßrichtung hatte vielleicht die Gründung des Isis und Magna Mater Heiligtums, das 1999 unter der heutigen Römerpassage entdeckt wurde und Inschriften zufolge tendenziell aus vespasianischer Zeit stammt[76]. Zumindest sieht Marion Witteyer in der Gründung des Heiligtums eine politische Botschaft, die nach den gerade auch für Mainz verhängnisvollen Kriegen und Aufständen der Jahre 69 und 70 n. Chr. eine „verheißungsvolle Zukunft unter dem neuen Herrscher propagiert" hätte[77]. Auch hier findet sich inschriftlich die Formel PRO SALUTE AUGUSTORUM wieder[78]. Neben dem vielleicht ebenfalls noch in flavischer Zeit entstandenen großen Mainzer Mithräum am Ballplatz[79] – einem vergleichsweise frühen Heiligtum der Gottheit[80] – deuten weitere entkontextualisierte Bauglieder auf den monumentalen Neu- oder Ausbau von Heiligtümern im Mainz der zweiten Hälfte des 1. Jhs. hin. Darunter befinden sich Blöcke eines Reliefgiebels, der hypothetisch mit einem flavischen Fahnenheiligtum in Verbindung gebracht wurde[81], sowie großformatige Kapitellfragmente eines Pfeilers und einer Säule,

69 So konnte Alfred Schäfer eine umfassende Stadterneuerung Kölns unter Domitian dokumentieren, zu der gleich mehrere monumentale Kultkomplexe gehören: Schäfer 2017a; Schäfer 2017b; Schäfer 2021.

70 Frenz 1992b, 178; Spickermann 2003, 211. 213; s. ferner zu Terrakotten: Witteyer 1996.

71 Panter 2007, 18–25. Zu den Geschehnissen zusammenfassend: Johne 2006, 102–106.

72 Tac. Ann. 2,83,2; CIL VI 31199.

73 Tab. Siar. 29–32; Lebek 1989, 48. 51–54. 67–72; Herz 2001, 103–112; Spickermann 2003, 85–91; Spickermann 2006, 169; Panter 2007, 15–25; Blänsdorf 2020, 94–99.

74 Bauchhenß 1981; Bauchhenß 1984a; Noelke 2010/11; Blanchard 2015, 23–45; Noelke 2021; Riemer 2022.

75 Zur Datierung der großen Mainzer Jupitersäule: Noelke 2021, 364 mit Anm. 80. Die Bedeutung, welche Salus für Nero im Zusammenhang mit der pisonischen Verschwörung gewann, wird bei Winkler 1995, 58–62 detailliert herausgearbeitet.

76 Witteyer 2004; Blänsdorf 2012; Witteyer 2013, 317–352; Spickermann 2016; Gorecki 2019, 209–224.

77 Zuletzt Witteyer 2010, 32.

78 AE 2004, 1015 und AE 2004, 1016.

79 Huld-Zetsche 2008 mit einer Datierung in vespasianische Zeit. Einen etwas späteren zeitlichen Ansatz präferiert auf Grundlage der reichsweiten Situation dagegen Gordon 2010.

80 Vgl. Witschel 2013, 209 f.

81 Frenz 1992a, 22–24. 68–70 Nr. 19–21. Kritisch dazu Stoll 1992, 388.

die von Hans Georg Frenz einem neronischen Tempel zugewiesen wurden[82]. In diesem Zusammenhang ist vielleicht ferner bedeutsam, dass einer der bislang bekannten Mainzer *vici* einer Inschrift zufolge vermutlich ab flavischer Zeit nach der Göttin Salus benannt war und den Namen *vicus Salutaris* trug[83], also vielleicht auch ein Heiligtum dieser Göttin beherbergte.

(3) Die wichtige Rolle, welche Salus für Vespasian und später Titus spielte, als die Göttin kultisch verehrt wurde und in Rom eine *Ara Salutis Augusti* erhielt[84], wird auch von Domitian aufgegriffen, der zahlreiche Münzen mit Salusmotivik ausgibt, besonders in den Jahren 84–86 n. Chr., nachdem er siegreich von seinen Germanenkriegen nach Rom zurückgekehrt war[85]. Zuvor war Domitian im Jahr 83 n. Chr. nach Mainz gereist und hatte von dort aus gegen die Chatten gekämpft[86]. Seine Erfolge wurden in dem Siegestitel *Germanicus*[87] sowie Münzprägungen mit der Beischrift *Germania capta*[88] dokumentiert und mündeten in einen Triumph über die Chatten samt zugehöriger Siegesdenkmäler und Ehrungen in Rom[89]. Aber auch in Mainz haben sich mehrere Monumente flavischer Zeit mit Siegesthematik erhalten. So fällt der Ausbau des ursprünglich hölzernen Legionslagers auf dem Kästrich in Stein tendenziell in die 80er Jahre n. Chr.[90], was vielleicht auch für die u. a. mit Viktorien, Clipei und Eichenlaubdekor geschmückten Prachtarchitekturen gelten könnte[91]. Ferner wurde für einen in den 1980er Jahren in Mainz-Kastel gefundenen, monumentalen Ehrenbogen eine domitianische Entstehung vorgeschlagen und das Monument mit dem Chattenfeldzug verbunden, wenngleich die Datierung umstritten ist[92]. Das kurzzeitig in Mainz stationierte, gewaltige Truppenaufgebot, für das Einheiten aus unterschiedlichen Teilen der Nordwestprovinzen inklusive Britannien zusammengezogen worden waren[93], muss beachtlich gewesen sein und nicht zuletzt mit Blick auf eine

82 Frenz 1992a, 34 f. 75 f. Nr. 36. 37.

83 CIL XIII 6723 = HD036564; vgl. zur Datierung auch Kakoschke 2002, 270–281 Nr. 2.61. Aus *Mogontiacum* ist eine Reihe von *vici* epigraphisch belegt, vgl. Jung 2009, 44 f. m. Abb. 30.

84 Winkler 1995, 90–116.

85 Winkler 1995, 114–116.

86 Schumacher 1982, 33–48; Halfmann 1986, 181–184; Strobel 1987; Becker 1992; Gering 2012, 251–267; Witschel 2021, 76–78; Hamacher 2021, 117–129.

87 Hamacher 2021, 168–181.

88 Hamacher 2021, 136–141. 154–161.

89 Hamacher 2021, 162–168. U. a. sei in diesem Zusammenhang auf Domitians Reiterstatue auf dem Forum Romanum (Cordes 2017, 76–86; Hamacher 2021, 166–168) oder die sog. trofei di Mario (heute auf dem Kapitol) (Tedeschi Grisanti 1977, 49–72) verwiesen.

90 Vgl. zur Chronologie: Burger-Völlmecke 2020, bes. 228–230.

91 Kähler 1935; Büsing 1982 mit Baatz 1986, 866–870; Frenz 1992a, 15–24; von Hesberg 1999, 88–92; Heinemann 2017, 538.

92 Für eine flavische Datierung und Zuweisung an Domitian argumentieren Bellen 1989; Lebek 1989. Dagegen sieht Frenz darin den Ehrenbogen für Gemanicus: Frenz 1988; Frenz 1989a; Frenz 1989b; Frenz 1989/90. Vorsichtig: Tortorella 2020, 50 f.

93 Schumacher 1982, 40.

wohl 84 n. Chr. vorgenommene Solderhöhung[94] die Wirtschaftskraft der Region in diesen Jahren enorm gesteigert haben. Ein weiterer Anlass für die Stiftung eines solchen Kultes, der sich vielleicht unmittelbar mit dem vermuteten Motiv zur Errichtung des Isis und Magna Mater Heiligtums vergleichen ließe, wäre ferner mit Domitians erneuter Reise nach Mainz im Jahr 89 n. Chr. nach der Niederschlagung des Putschversuchs des Obergermanischen Statthalters L. Antonius Saturninus gegeben, wonach Domitian sich gegen die Chatten wendete und einen Triumph abhielt[95]. Daneben bezeugen Monumente, wie der Grabstein von Domitians Vorkoster Ti. Claudius Zosimus[96] oder die Votivtafel des A. Didius Gallus Fabricius Veiento, Suffektkonsul und kaiserlicher Berater, aus Klein-Winternheim bei Mainz[97] den materiellen Niederschlag der groß angelegten Militäraktionen vor Ort. Und in eben diesem Klima könnte man sich vielleicht am ehesten auch die Neuformulierung eines regionalen, mit dem Kaiser verbundenen Kultes der Salus vorstellen.

Die mutmaßlich in flavischer Zeit vorgenommenen Abweichungen im Schema Mainz/Köln gegenüber den stadtrömischen Salusdarstellungen, die sich insbesondere in Standschema, Bekleidung sowie dem bereits in neronischer Zeit an der großen Mainzer Jupitersäule dokumentierten Rindskopf manifestieren, werden als Anpassung auf lokale Vorstellungen und Bedürfnisse verständlich[98]. Bemerkenswert ist zunächst der nackte Oberkörper samt großem Mantel im sog. Hüftbauschtypus, der sich nicht nur von den stadtrömischen Salusdarstellungen auf Münzen absetzt[99], sondern auch von solchen der Fortuna und Spes, die traditioneller Weise als Gewandstatuen erscheinen. Ihre thematische Spezifizierung erfolgt zum Teil durch Attribute und Beiwerk, primär aber durch die Legende[100].

Demgegenüber zeichnet das Statuenschema Mainz/Köln eine Anlehnung an Venus und Victoria aus, die seit klassischer Zeit Sieghaftigkeit, Erotik und Herrschaftsanspruch miteinander kombinieren. Betreffende Assoziationen müssen bei einem antiken Betrachtenden unmittelbar geweckt worden sein. Die halbnackte Aphrodite im großen Mantel war ein wesentlicher Gegenstand griechischer Kunstproduktion, bedingt schon im 4. Jh. v. Chr. und dann speziell während des Späthellenismus. Von ihrer Bedeutung zeugt eine außerordentlich hohe Zahl noch erhal-

94 Cass. Dio. 67,3,5; Hamacher 2021, 124 f.

95 Strobel 1986, 203–220; Flaig 1992, 417–450. An diesem Putschversuch waren die Mainzer Legionen freilich nicht unbeteiligt, weshalb sie im Anschluss ausgetauscht und fortan dauerhaft durch die Legion XXII ersetzt wurden, die dann mit für den neuen Saluskult verantwortlich gezeichnet haben könnte.

96 AE 1989, 564. Zu dessen unsicherer Datierung: Walser 1989

97 CIL XIII 7253. Dazu Behrens 1941.

98 Insofern kann von einem „‚resonierenden‘ Statuenschema“ gesprochen werden (Dorka Moreno 2021, 131).

99 Einige hadrianische Bilder und deren antoninische Fortführungen, die den Oberkörper der Salus entkleideten, blieben ein Sonderfall, vgl. oben mit Anm. 64.

100 Vgl. die instruktive Zusammenstellung von Münzbildern sitzender Begriffsgöttinnen bei Lo Monaco 2014, 256 Abb. 14.

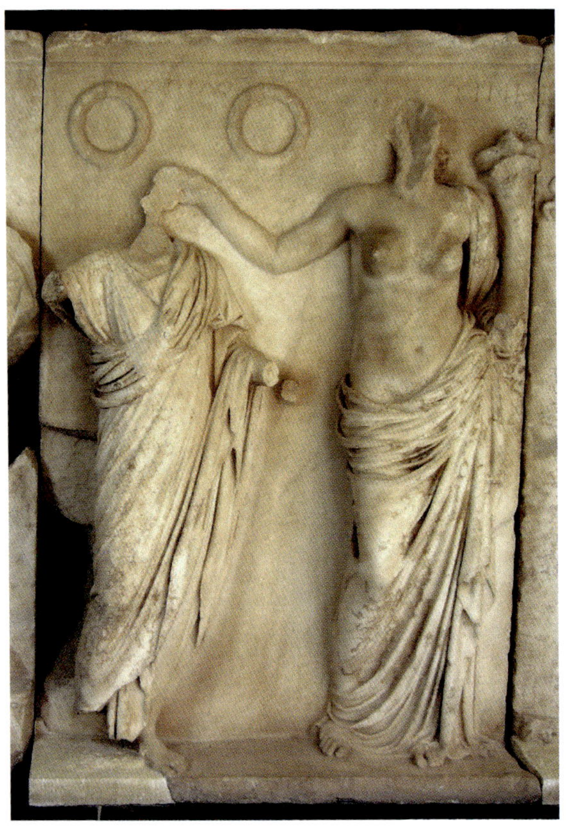

Abb. 26 Time vom Zoilosmonument. Aphrodisias, Museum

tener originaler Statuetten. Hinzu kommen Statuen, die wie die genannte vom Typus Pontia-Euploia (Abb. 23) in kaiserzeitlichen Kopien vorliegen[101]. In einem besonderen Fall, am Übergang zur Kaiserzeit, konnten auch einmal Aphrodite-Schemata im großen Mantel herangezogen werden, um Begriffsgottheiten wiederzugeben: Am Grabmonument des C. Iulius Zoilos in Aphrodisias ‚verkörpert' eine mit einem großen Schild hantierende Adaptation der Aphrodite vom Typus Capua gemäß Beischrift Andreia, also das griechische Äquivalent der Virtus, die in allen Bildmedien Roma angeglichen ist und unmissverständlich ihre militärische Referenz indiziert. Ihr gegenüberstehend figuriert Time, dem Salus-Typus Mainz/Köln ähnlich, in ruhiger Haltung als ‚Übersetzung' von Honos (Abb. 26)[102]. Auf die Weiterentwicklung der Capuanischen Venus über die Victoria von Brescia hin zu in den Nordwestprovinzen seit flavischer Zeit allgegenwärtigen Victoriadarstellungen wurde ja bereits oben verwiesen.

Als zweites wesentliches Merkmal des Statuenschemas Mainz/Köln ist die ostentative Vorführung des Rindskopfes zu nennen, die einen Vorläufer an der Mainzer Jupitersäule hatte. Damit passt sich das Schema in das gängige Bild lokaler Götterdarstellungen ein, die plakativer und nachdrücklicher als im Mittelmeerraum durch Attribute lesbar gemacht werden, wie bspw. eine Athena aus Ladenburg zeigt, zu der sich auf dem Altar eine kleine Eule gesellt (Abb. 27)[103]. Vielleicht könnte man es als einen für die Nordwestprovinzen charakteristischen präsentativen Stil bezeichnen[104], der dafür gesorgt hätte, dass für Salus hier mit dem Attribut Rindskopf im Unterschied zu Rom eine Spezifizierung vorgenommen wurde. Eine Erklärung fällt mangels Quellen

101 z. B. Typus Pudica, Typus Venus Marina.

102 Smith 1993, bes. 24–32.

103 Mannheim, Reiss-Engelhorn Museen, ohne Inv.: Griesbach 2021a, Kat. 120. Vgl. ferner Kreuz 2021, 158–162 zu ‚kaiserlichen Bildwerken'.

104 Vgl. Hölscher 2012.

nicht leicht, doch seien hier zwei Hinweise angeführt, die ein Rind in die Nähe von Salus rücken. So wird eine *bos femina* bzw. *vacca* zum einen in den Akten der Arvalbrüder als Opfertier der Salus überliefert[105], zum anderen – und das ist vielleicht signifikanter – leitet Helmut Birkhan aufbauend auf Garrett Olmsted den Namen der auch ikonographisch verwandten und für Mainz und Umgeben mehrfach bezeugten[106] ‚keltischen' Heilsgottheit Sirona aus dem Indogermanischen her und übersetzte ihn als das „noch nicht geschlechtsreife Rind"[107]. Während im Fall der Sirona, von der im Übrigen auch keine Zeugnisse aus vorrömischer Zeit bekannt sind[108], ihre Darstellungen auf das möglicherweise im Namen mitgeführte Rind verzichten[109], hätte sie sich im Fall der Salus als Attribut angeboten. Das Rind könnte in den Nordwestprovinzen gewissermaßen als eine von Sirona bekannte ‚Leseanleitung' schon früh die Darstellungen der Salus konkretisiert haben[110]. In eine ähnliche Richtung geht die Deutung von Gerhard Bauchhenß, der die ungewöhnliche Ikonographie einer Venus und eines Vulcans auf einer Iupiter(giganten)säule flavischer Zeit aus Alzey hervorhebt und als Anpassung an lokale Vorstellungen versteht. Vulcan ist hier ein Hirsch beigebeben, wie er sonst nur von den einheimischen Göttern Vosegus und Cernunnos bekannt ist (Abb. 28)[111]. Für den norisch-pannonischen Raum hat Gabrielle Kremer auf gleich meh-

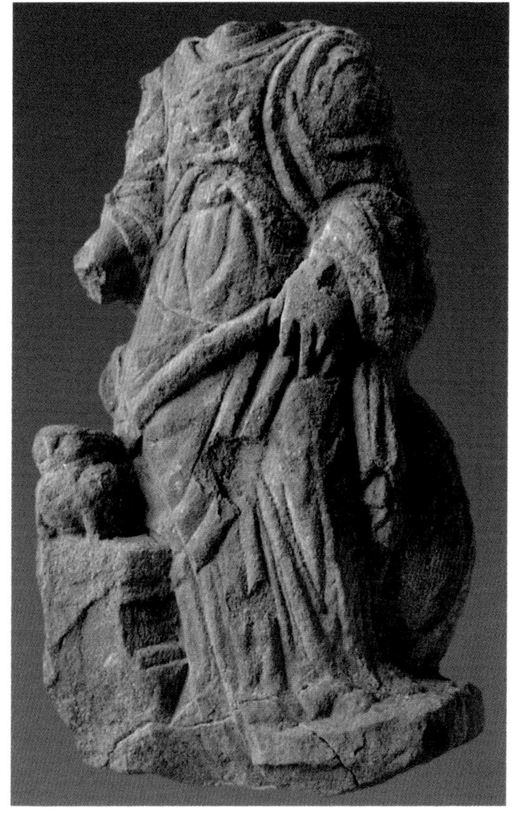

Abb. 27 Statuette der Minerva aus Ladenburg. Reiss-Engelhorn Museen Mannheim, Lipps u. a. 2021a, Kat. 120

105 Wissowa 1909, 297 f. Ferner Plaut. Asin. 713.

106 s. etwa das sog. Sironaheiligtum von Nierstein: CIL XIII 6272; Rupprecht 2005, 509 f. und den Apollo-Sirona-Altar in Alzey: Künzl 1975 29 f. Nr. 15 Taf. 30.

107 Olmsted 1994, 356 f.; Birkhan 1997, 590 f. (Zitat). 621.

108 Vgl. Schönfelder 2022.

109 Vgl. zu Sirona: Nagy 1994, 779–781.

110 Es passt vielleicht in die Frühzeit der Etablierung der Kulte, dass bei zwei flavischen Viergöttersteinen aus dem Umland von Mainz, aus Udenheim (AE 1940, 120, aus der Bergkirche) und Bad Kreuznach (HD036515; CIL XIII 7530; CSIR D II 9 Nr. 1), gewissermaßen erklärende Beischriften im Nominativ stehen: Osnabrügge, im Druck, wie sie auch für den tiberischen sog. Nautenpfeiler aus Paris charakteristisch sind: Saragoza 2003; Scherrer 2013.

111 Museum Alzey, Inv. R 14819: Bauchhenß 2019, 108–113.

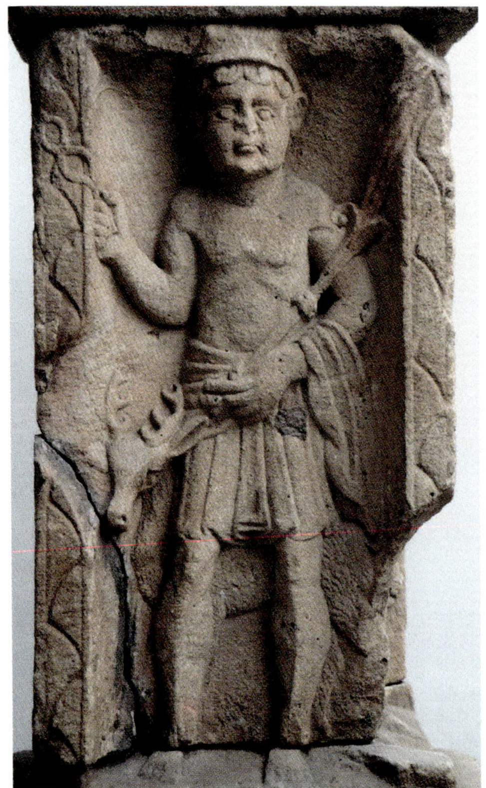

Abb. 28 Viergötterstein mit Darstellung des Vulcanus. Alzey, Museum, Inv. R 14819

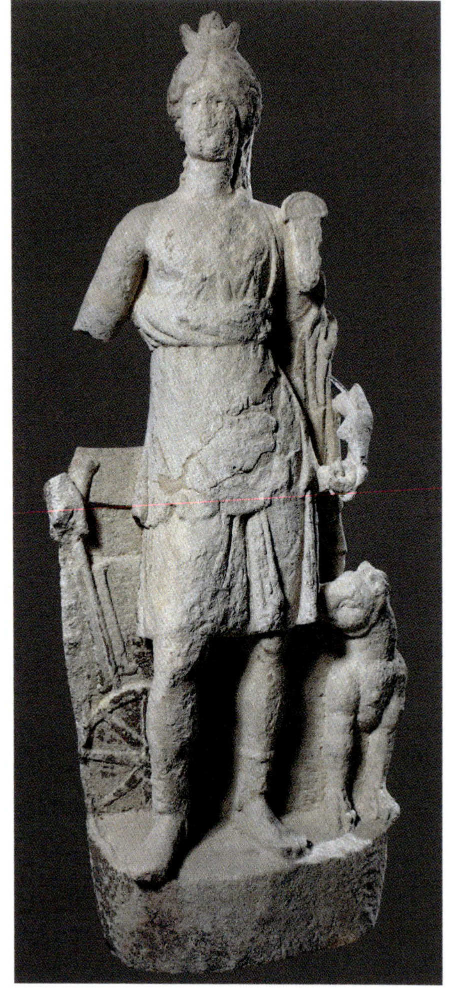

Abb. 29 Statue der Diana Nemesis aus *Carnuntum*. *Carnuntum*, Archäologischer Park, Inv. CAR-S-31

rere synkretistische Neukompositionen von Götterbildern hingewiesen[112], darunter eine wohl severische Kultstatue der Dea Nemesis aus *Carnuntum*, die auf einen Statuentypus der Diana zurückgeht, doch durch abweichende Körperhaltung sowie eine Vielzahl unterschiedlicher Attribute (Rad, Steuerruder, Peitsche, Schwert, Greif, Halbmond und Stern) lokal angepasst und mit verschiedenen anderen Gottheiten in Bezug gebracht wurde (Abb. 29)[113].

Unabhängig von den Salusdarstellungen zählt das Motiv des auf ein Tier gestützten Beines generell nicht zu den standardisierten Gegenständen griechischer und römischer Bildsprache. Es

112 Kremer 2015, 259–285; Kremer 2021, 139–153.

113 Archäologischer Park *Carnuntum*, Sammlung Ludwigstorff, Inv. 3772: Kremer 2012, 32 f. Nr. 14; 337–340 Taf. 7; Kremer 2015, 259–277.

gibt allerdings Parallelen, in denen Götter oder Heroen in gleicher Weise ein Tier oder auch nur einen Teil eines Tieres nutzen. Am bekanntesten dürfte die „Aphrodite auf der Schildkröte" sein, die Pausanias in ihrem Heiligtum zu Elis sah[114]. Die Schildkröte kehrt an einigen Standbildern der Göttin wieder und kann als Toponym oder auch als Anspielung auf die Meeresgeburt der Göttin gelesen werden[115]. Im mysischen Chryse befand sich nach Strabons Zeugnis eine Maus unter dem Fuß des Apollon Smintheus; die Mäuse (*smínthoi*) in dem Heiligtum seien heilig gewesen[116]. Den Beinamen des Gottes, des Retters vor der von Mäusen übertragenen Krankheit, kennt bereits Homer[117]. Eine bronzene Apollonstatue (in den Nordwestprovinzen als Apollo Grannus mitunter ein Begleiter der Sirona[118]) in Patras, nackt und Sandalen tragend, bediente sich dagegen eines Rindskopfs als Fußträger[119]. Pausanias war sich merklich unsicher, wie diese Kombination zu verstehen sei, und sucht sie im mythischen Hintergrund des Gottes[120]. Diese motivisch verwandten Fälle rekurrieren auf besondere topographisch definierbare Ereignisse oder Mythen und erläutern damit spezifische Kulte oder Kultvarianten.

Unter diesem Aspekt scheinen einige hellenistische Herakles-Typen den Salusbildern vergleichbar zu sein. In begrenzter Zahl zeigen ihre kaiserzeitlichen Wiederholungen auf der Plinthe einen Stierkopf, auf den der Held zwar nicht seinen Fuß, doch seine Keule gestellt hat[121]. Die gängige Deutung bezieht diese Staffelung auf den Sieg des Herakles über Acheloos, da letzterer sich im Kampf in einen Stier verwandelt hatte[122]. Insofern ist die symbolische und attributive Aufgabe des Stierkopfes einfach aufzuschlüsseln. Die Semantik des Motivs ist jedoch nicht

114 Paus. 6,25,1. Er beschreibt ausdrücklich die Position der Schildkröte.

115 Schoch 2009, 66–69. Das erklärt aber noch nicht, warum das Attribut der Göttin nicht „beigestellt", sondern „untergestellt" ist.

116 Strab. 13,1,48. Dazu Schoch 2009, 66 f.

117 Ilias I,39.

118 Zum großen Apolloheiligtum in Faimingen: Eingartner u. a. 1993; zu jenem in Neuenstadt am Kocher: Kortüm 2017, 226–233; zum Heiligtum für Apollo und Sirona in Hochscheid: Weisgerber 1975 sowie zur in Großbottwar gefundenen Weihinschrift an Apollo und Sirona aus dem Jahr 201 n. Chr.: CIL XIII 6458.

119 Paus. 7,20; Todisco 1979, 152 f., dort auch zu weiteren Beispielen. Zu trennen wäre aber schärfer zwischen Attributen einer Statue und figürlichen Ausstattungselementen unter einem Fuß, die als Symbole Macht, Herrschaft, Besitz oder ganz allgemein Zuständigkeit der dargestellten Person indizieren. So setzt Juba II. von Mauretanien einen Fuß auf den Kopf der Africa (Domes 2007, 168 Gl. 30 Taf. 7,6), Hadrian seinen auf unterworfene Barbaren (Bergmann 2010). Es gibt allerdings Grenzfälle: wenn etwa Poseidon auf einen Delphinkopf tritt, unterstreicht das symbolisch seine Rolle als Herrscher des Meeres bzw. der Flüsse, meint nicht etwa, dass spezifisch die Delphine ihm unterworfen seien. Die Zuordnung des Delphins fungiert zugleich aber als ein Attribut, das Poseidon von anderen „Vatergottheiten" unterscheidbar macht. – Bei Stadttychen, die unter ihrem aufgestellten Fuß Proren oder einen Flussgott zu erkennen geben, geht es um eine stolze Präsentation der eigenen Rolle als Hafenstadt oder doch Stadt in vergleichbar exzeptioneller Lage und Wichtigkeit. Zu Stadttychen in Syrien s. Töpfer 2021, 240 f. Abb. 7.

120 Er erinnert an das mythische Narrativ des Rinderraubs durch Hermes, beweist zugleich seine literarische Bildung mit einem Hinweis auf Alkaios und mit einem Homer-Zitat.

121 Todisco 1979, 141–157; Mägele u. a. 2007, 489 f. Kat. 10 (Fragment in Ağlasun). Dazu ein Fragment in Gadara: A. Lichtenberger, in: Koçak – Kreikenbom 2023, 371 f. Kat. Gada-10.

122 Todisco 1979, 153 mit älterer Lit.

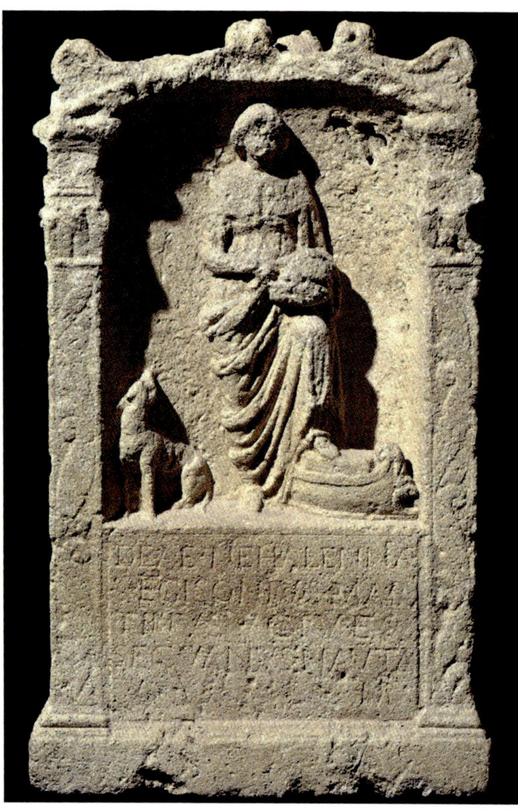

Abb. 30 Votivaltar des Vegisonius für Nehalennia gefunden in Colijnsplaat. Rijksmuseum van Oudheden, Inv. 1970/12.13

auf die mythische Allusion und damit auf die Leistung des Heros einzuschränken. Auf einer zweiten Bedeutungsebene besitzt der Kopf den Wert eines sakralen Zeichens, da Stiere in der Kaiserzeit die gewöhnlichen Opfertiere für Hercules waren[123]. Korreliert man diese potentiellen Bedeutungsfelder mit denen der Salus, gelangt man zu dem vordergründigen, vielleicht aber doch zulässigen Schluss auf gespiegelte Lesbarkeit, dass nämlich das Rind der Göttin auch „untersteht", wiewohl sie ihr doch zugleich kultisch zugeordnet ist[124]. Weitergehend wird man die Mutmaßung nicht konkretisieren können; es fehlen Kenntnisse der regionalen sakralen Kontexte. Es muss eine Symbolbefrachtung des toten Tiers existiert haben, die im keltisch-germanischen Raum, markiert durch die Darstellungen aus drei Provinzen, eine Gültigkeit besaß, die nur im visuellen Rekurs den stadtrömischen Opferritus reflektierte, tatsächlich aber eigenen Vorstellungen verpflichtet war. So spiegelten vielleicht das explizite Zeichen des Tieres wie die im Namen der Sirona implizierte Zuständigkeit gemeinsam Erwartungen, Wertewelten und Leseverständnis ihrer „Nutzenden". Der stadtrömische Verweis der Salus lieferte nicht das entscheidende sinnvermittelnde Element, fungierte vielmehr nur als autoritative Bestätigung. Die Notwendigkeit, von stadtrömischen Narrativen zu abstrahieren, tritt aussagekräftig an einem Parallelfall auf den Plan. In gleichem anspruchsvollem Mantel, kombiniert allerdings mit einem Untergewand, wendet sich die Göttin Nehalennia auf einem Altar aus der Hafenstadt Colijnsplaat dem Betrachtenden zu. Auch sie hat das linke Bein angewinkelt (Abb. 30)[125]. Unter dem Fuß stößt ein Schiffsrumpf als wichtiges Element im Bildkontext diagonal nach vorne. Als Pendant auf der Gegenseite blickt ein Hund zur Göttin

123 Dazu Todisco 1979, 154 f.

124 Es verbleibt allerdings der kaum zu harmonisierende Widerspruch zwischen einem im Kampf heldenhaft überwundenen und einem beim Opfer getöteten Tier.

125 Votivaltar des Vegisonius der Sequaner für Nehalennia gefunden in Colijnsplaat, spätes 2. bis frühes 3. Jh. n. Chr.; Rijksmuseum van Oudheden, Inv. 1970/12.13: Kakoschke 2002, 34 f. Nr. 1,4; Schmidts 2011, 26 f. Abb. 18; 143 Kat. 56.

auf. In den Händen hält Nehalennia einen Fruchtkorb[126]. Zusammen mit der Aussage von Tracht und Haltungsmotiv ist die Göttin mit einer Dreizahl von Referenzen auf verschiedene Eigenschaften oder Zuständigkeiten bestückt, wobei die Interpretation des Schiffszitats Schwierigkeiten bereitet[127]. Formal findet das Motiv des Schiffes oder einer Prora unter einem Fuß seine mutmaßliche Vorlage in Neptundarstellungen (Abb. 60).

An der Salus tritt jedenfalls anschaulich eine Zuständigkeitsmetaphorik hervor, wie sie in den germanischen Provinzen besonders von Präsentationen der Victoria Augusti vertreten wird[128], indem diese ihren Fuß auf einen Globus setzen (Abb. 31)[129]. Erinnert sei an die Gruppe aus der Umgebung von Schlossau mit ihrer geradezu aufdringlichen Vergleichung von Victoria und Salus[130], der gemäß Rom und des Kaisers Herrschaft das Wohlergehen gewährleisten. Tatsächlich ist die Salus Augusta vielfältig in der militärischen Wertewelt verankert[131].

(JL – DK)

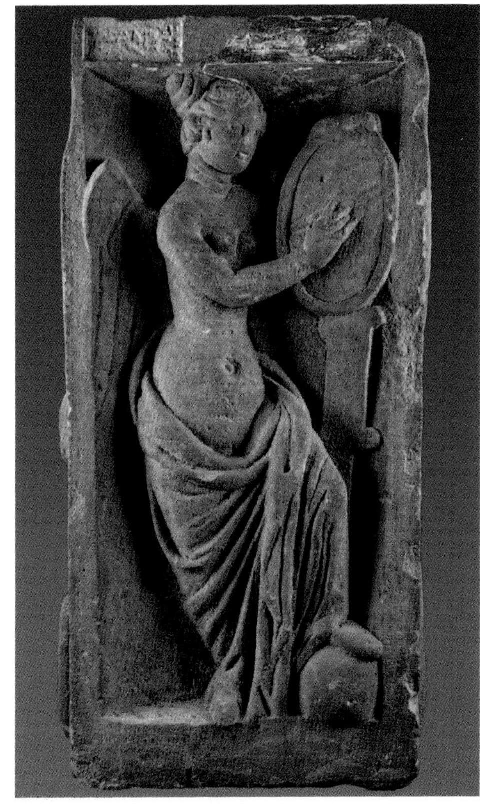

Abb. 31 Viktoria auf einem Viergötterstein aus Godramstein. Mannheim, Reiss-Engelhorn-Museen, Lipps u. a. 2021a, Kat. 67

126 Vgl. Dorka Moreno u. a. 2021, 6–8 Abb. 7 sowie die Mutmaßungen zu einem „präsentativen Stil" der Nordwestprovinzen.

127 Zur Diskussion der vorliegenden Deutungen s. Schmidts 2011, 26: Der Rumpf unter dem Fuß ist als Hinweis auf das vom nauta Vegisonius Martinus benutzte Schiff, als Attribut der Göttin oder auch als Chiffre für die Schiffsverbindung mit Britannien bzw. den Seetransport dorthin interpretiert worden.

128 Vor allem an sog. (Drei- und) Viergöttersteinen: Kousser 2008, 91–100; Dorka Moreno 2021, 129–131. Mit Schiffsruder unter dem Schild: P. Noelke, in: Lipps u. a. 2021a, 412 f. Kat. 67,6; 416–418 Kat. 68,5.

129 Viktoria auf einem Viergötterstein aus Godramstein; Mannheim, Reiss-Engelhorn-Museen, ohne Inv.

130 Erinnert sei in diesem Zusammenhang, dass auch für die Victoria die Entstehung ihres autoritativen Kultbildes im domitianischen Mainz vermutet wird: Noelke 2020/21 (Hinweis Peter Noelke).

131 Marwood 1988, 62–84.

## 6. Herstellung und Vertrieb

Für die Herstellung der Mainzer Salus und auch des mitgefundenen Fragmentes verwendete man den Materialuntersuchungen von Michael Auras zufolge einen hellbräunlichen Sandstein aus dem Nahetal, der sich durch seine weitgehend einschlussfreie und cremige Qualität auszeichnet und gerade feucht vergleichsweise präzise bearbeitet werden kann (s. u. Anhang 2)[132]. Der unmittelbar an der Nahe abgebaute Stein dürfte – vielleicht in Tücher eingewickelt, die ihn vor schnellem Austrocknen bewahrten[133] – flussabwärts zum Rhein gebracht und von dort flussaufwärts nach Mainz getreidelt worden sein. Halbfabrikate sowohl in Steinbrüchen als auch in antiken Siedlungen deuten darauf hin, dass ähnlich wie im Mittelmeerraum auch in Obergermanien die Steinblöcke mitunter im Steinbruch grob zurechtgehauen und anschließend zur Weiterbearbeitung in die jeweiligen Siedlungen transportiert wurden[134]. Auch der Steinmetzbetrieb dürfte vermutlich in Flussnähe gelegen haben[135]. Der Akt der vielleicht in Mainz erfolgten Ausarbeitung der Statue selbst lässt sich besonders an ihrer Rückseite anhand der verschiedenen Werkspuren nachvollziehen (Abb. 32). Allerdings kennt die Skulptur der Salus an keiner Stelle Reste eines Rohlings oder Halbfabrikats. Auch fehlen Hinweise auf einen Arbeitsgang mit gröberen Instrumenten wie Spitz- und Zahneisen[136]. Das Volumen des ursprünglichen quaderförmigen Blocks wurde gleichwohl optimal für die Herauslösung des Bildwerks genutzt. Die

132 Zu römischen Steindenkmälern aus Disibodenberg im Nahetal: Boppert 2009a; Boppert 2009b.

133 Hinweis von Michael Auras.

134 Zu Halbfabrikaten in Steinbrüchen s. bspw. eine Herkulesstatue und ein Apollorelief im Sandsteinbruch bei Obernburg am Main: Mattern 2005a, 118 Nr. 184 Taf. 68; 119 Nr. 186 Taf. 67; zum Steinbruch: Reis 2017, 162–167; ein Weihaltar oder eine Statuenbasis in Steinheim an der Murr, Kr. Ludwigsburg: Noelke 2006, 103 Abb. 10. Zu Halbfabrikaten in Siedlungen: ein Weihrelief im Vicus von Walheim, Kr. Ludwigsburg (Kortüm – Lauber 2004 I, 253; II, 213 Taf. 174) oder eine verworfene Tischplatte aus Ladenburg (Wiegels 2000, 130 f. Nr. G31 Abb. 89a.b). Zusammenfassend Noelke 2006, 96–107; Ludwig – Noelke 2009, 413–415; Noelke 2020/21.

135 Der Herstellungsort der Salus ist unbekannt, doch scheinen Bildhauerwerkstätten nachvollziehbarer Weise häufig in Flussnähe angelegt worden zu sein, wie es etwa für Rom (Maischberger 1997) oder Celje (Noelke 2006, 101 Anm. 78) bekannt ist. Für die Nordwestprovinzen lassen sich Bildhauerwerkstätten nur vereinzelt und hypothetisch anhand unvollendeter Werkstücke, Steinabsplisse oder Werkzeugfunde lokalisieren: Noelke 2006, 96–102.

136 Vgl. einen Statuettentorso aus *Antiochia*, dessen lediglich bossierter Zustand mit (zwei unterschiedlichen) Zahneisen gestaltet wurde und noch keine Körperformen erkennen lässt: Koçak – Kreikenbom 2023, 44 f. Kat. 51 Taf. 24C. Zu antiker Bildhauertechnik s. jetzt Van Voorhis 2018, 39 f., mit aufschlussreichen Befunden in einer spätantiken Werkstatt in Aphrodisias. Verweise auf grundlegende Publikationen zu Bildhauerwerkzeugen und deren Anwendungen in der Antike allgemein finden sich in Van Voorhis 2018, 39 f. Anm. 158. Die Ausarbeitung in weichem Gestein erforderte im Prinzip keine Bossierung mit schweren Werkzeugen, wie an Skulpturen aus anderen antiken Kontexten beobachtet werden konnte: Adams 1978, 135–137. Bei einem großformatigen Werk wie der Salus ist aber allein schon aus Gründen der Arbeitsökonomie eine vorausgegangene Bosse vorauszusetzen. Einige glatte Partien an den stärksten Erhebungen der Rückseite weisen feine vertikale Linien auf, die am besten im oberen Bereich zu erkennen sind. Wie oben (Kapitel 1) erwähnt, sind diese planen Stellen nicht antiken Ursprungs

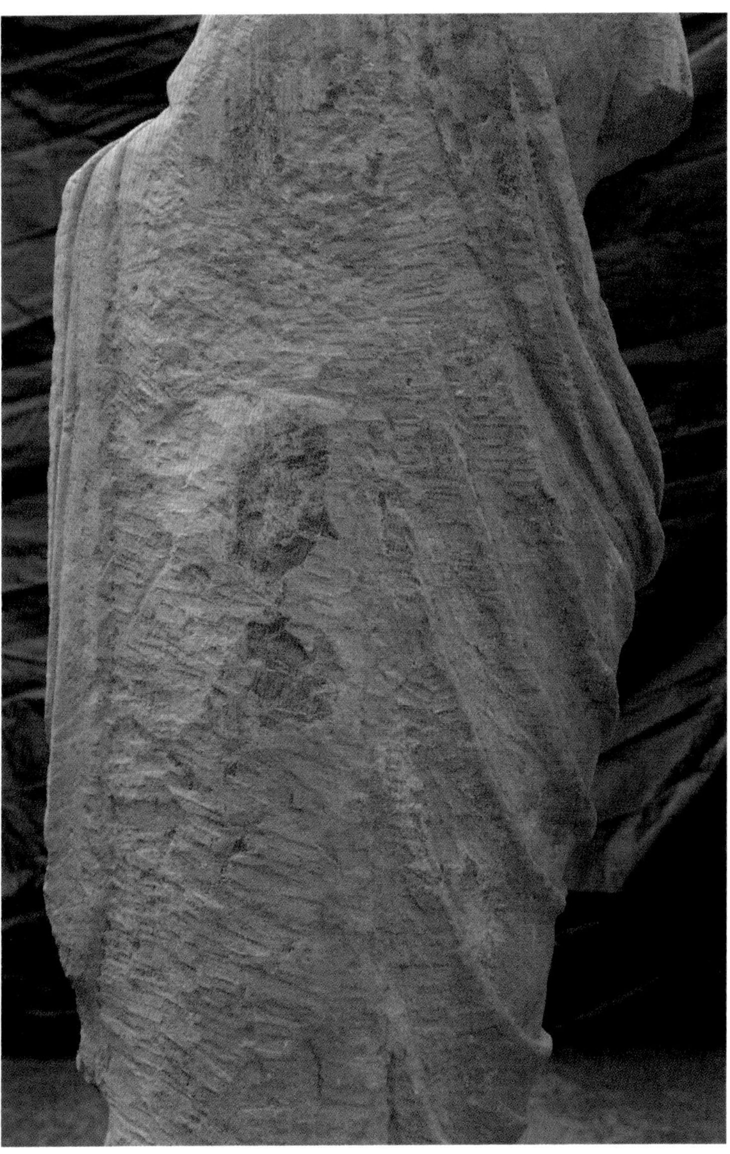

Abb. 32
Die Mainzer Salus,
Detailaufnahme der Rückseite

Ausführung erfolgte mit dicht gesetzten Schlägen eines schmalen Flachmeißels und definierte bereits die wesentlichen Senkungen und Wölbungen der Rückseite.

Das Werkstück muss zu diesem Zeitpunkt auf seiner Vorderseite gelegen haben. Davon zeugen am Rücken die dicht gesetzten Meißelfurchen, die beiderseits in weit überwiegender Menge nach außen weisen, links wie rechts zugleich etwas ansteigen. Hätte der Block aufrecht gestanden, wäre der Meißel vor dem Gesicht des Bildhauers oder gar oberhalb seines Kopfs schräg aufwärts geschlagen worden, was arbeitstechnisch umständlich und vor allem wegen sich lösender Steinsplitter gefährlich gewesen wäre. Bei der „Bauchlage" ergab sich dagegen ein wie selbstverständlicher Duktus. Der seitlich neben dem Werk stehende Bildhauer konnte den Meißel unkompliziert und ohne sich selbst zu gefährden führen.

Von diesem Arbeitsgang, der einheitlich den gesamten Rücken erfasste, sind diverse Punktbohrungen zeitlich nicht abzusetzen. Sie reihen sich auf einzelner Linie wie auch paarweise geordnet in den Faltentälern, die hinten in langen Bahnen vom Schulterbereich zur rechten Hüfte abfallen. Punktbohrungen finden sich ferner im Einschnitt zwischen dem rechten Oberarm und dem Körper. Sie dienten als Markierung und Vorarbeit für eine gemeißelte Ausarbeitung der betreffenden Stellen, insbesondere der Faltentiefen, die, wie an der ausgeführten Vorderseite der Skulptur zu sehen, als flache Bahnen ausgemeißelt wurden.

Die unvollendete Fassung des Rückens reicht an der linken Seite bis zu einem fertiggestellten Mantelstück, das in grader Linie vom Arm herabhängt. An der rechten Seite findet sich keine vergleichbare Zäsur. Gleitend wechseln hier die nur allgemein angelegten rückwärtigen Faltenformen in die in allen Details geglättete Frontseite (Abb. 6. 8). Am Übergang sind noch einige, aber auffallend geringe Spuren einer Raspel oder eines Scharriereisens auszumachen. An der mit äußerster Sorgfalt vollendeten, selbst in verschatteten Einschnitten perfekt ausgearbeiteten Ansichtsseite lassen sich nur an versteckten Stellen rudimentäre Spuren eines vorausgegangenen Werkgangs identifizieren, welcher dem an der Rückseite entsprochen haben muss[137].

Als kennzeichnend für das handwerkliche Prozedere ist hervorzuheben, dass die Skulptur gleichsam aus dem Block herausgeschält wurde. Das Verfahren ist am Einsatz der Werkzeuge im Detail ablesbar[138]. Bemerkenswert erscheint hier aber die Konsequenz, mit der die Figur von der Rückenmitte zu den Seiten und um die rechte Flanke herum „geformt" wurde, um in die Frontseite einzumünden[139]. In Verbindung mit den anschaulichen Reminiszenzen der Skulptur an den ursprünglichen Block darf man ausschließen, dass eine exakte, auf dem Punktierverfahren gründende Kopie vorliegt[140]. Umgekehrt heißt das aber nicht, dass der ausführende Bildhauer ohne Modell oder eine sonstige Vorlage vorgegangen wäre. Dabei mag es sich durchaus um den Abguss eines anderen Werks gehandelt haben. Nur wurde es nicht mechanisch umgesetzt, sondern als Referenz für die eigene Arbeit genutzt.

137 Ohne abschließende Glättung blieb beispielsweise die Außenseite der ersten Konturfalte links neben dem Rumpf. In der Höhlung zwischen den Mantelzipfeln unter dem linken Arm zeigen sich geringe Mängel in der Glättung.

138 Vergleichbare Werkzeuge sind in *Vindonissa* (Bossert 1999, 64 mit Anm. 17) und jüngst in größerem Umfang in Kärnten gefunden worden: Karl 2021, 102–107; Karl – Bayer 2021, 6–9.

139 Als Gegenbeispiel sei auf den bekannten Kölner Panzertorso verwiesen (Noelke 2012). Er ist in Flächen konzipiert. Entsprechend ist „die Figur an den Seiten nicht abgerundet" (Noelke 2012, 403). Die plane Rückseite bildet eine allein für sich bestehende Einheit.

140 Es stellt sich die Frage, ob das Punktierverfahren in den Werkstätten der westlichen Provinzen überhaupt zur Anwendung kam, vgl. Blümel 1953, 81.

Abb. 33
Genius aus *Nida*. Wiesbaden, Stadtmuseum, Sammlung Nassauischer Altertümer, Inv. 341

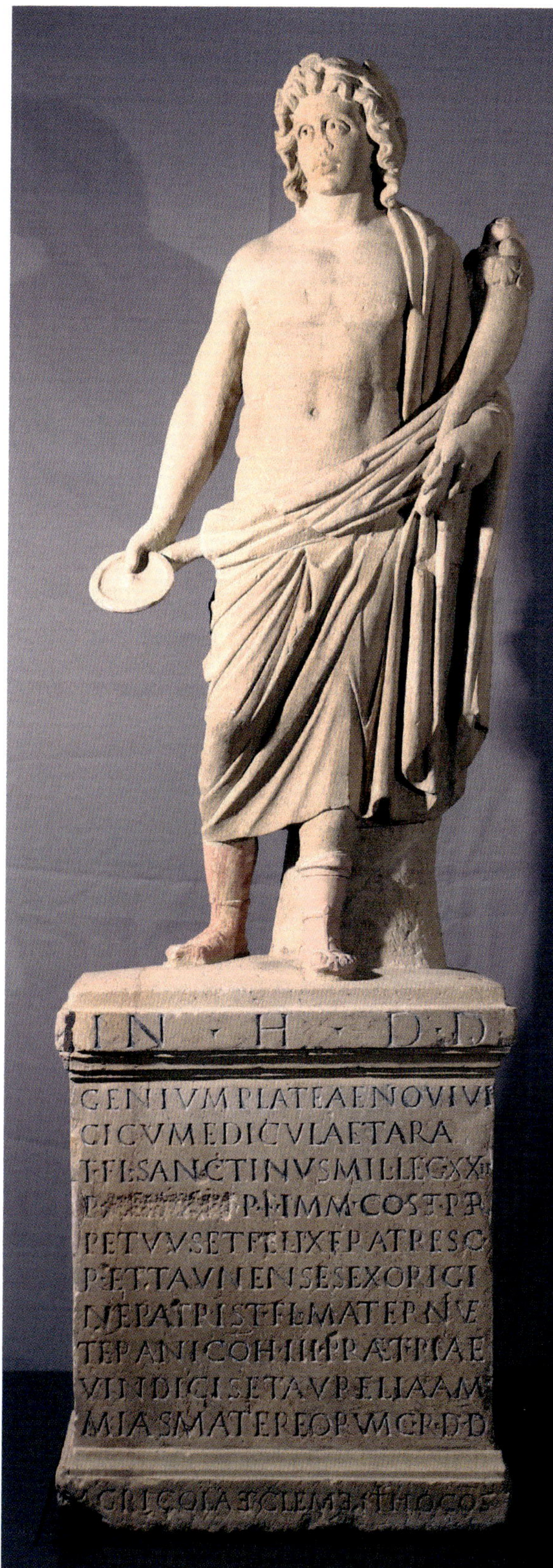


Im Ergebnis wurde eine Statue geschaffen, die sich mit Blick auf ihre bildhauerische Qualität vom Gros der Produkte ihrer Zeit aus Mainz absetzt. Die engsten Parallelen im Statuenaufbau, aber auch in der Formulierung des Gewandes und der Ausführung bietet eine 230 n. Chr., also etwa ein Jahr früher entstandene, unterlebensgroße Skulptur eines Genius, die, nur vierzig Kilometer von Mainz entfernt, in *Nida* (Frankfurt-Heddernheim) gefunden wurde (Abb. 33)[141]. Wie an der Salus addieren sich runde Faltenrücken auf dem Oberarm und umschließen flache Faltenstreifen den rechten Oberschenkel. Der Mantel des Genius ist zwar straffer gespannt, so dass sich seine Falten zahlreicher, enger und länger ausgezogen zusammenfügen; hierin macht sich prinzipiell die Verbindlichkeit seines gerade auch in der Region mehrfach belegten Schemas geltend (Abb. 5. 33).[142] Sieht man aber von der ‚dramatisierten' Organisation des Mantels ab, verbleiben kommensurable Grundformen und Gestaltungsweisen, die jenseits allein motivischer Divergenzen gleiche Handschrift verraten: mit dem Flach-

141 Bereits im 18. Jahrhundert gefunden; Wiesbaden, Stiftung Stadtmuseum, Sammlung Nassauischer Altertümer, Inv. 341: Kunckel 1974, 58 f. 101 Nr. CI,10 Taf. 68; Künzl 2002 [1982], 184 Abb. 113; Meier-Arendt 1983, Nr. 19; CIL XIII 7335. Drei Brüder zeichnen als Weihende; der an erster Stelle genannte gehörte als *miles* der 22. Legion in Mainz an. Mit Verweis auf den Fundort und die Auftraggeber erklärt Kunckel (1974, 58 f.) hier und in einem Hochrelief vom selben Ort (Wiesbaden, Landesmuseum) die Besonderheit militärischer Stiefel bei Ortsgenien.

142 Vgl. z. B. ein Relief aus Alzey; Mainz, Landesmuseum, Inv. S 816: Selzer 1988, 224 Nr. 220. Beispiele, die stets den diagonalen Mantelzug zeigen, lassen sich ebenso aus anderen Regionen beibringen: vgl. Eckhart 1976, 26 f. Nr. 15. 16 Taf. 5.

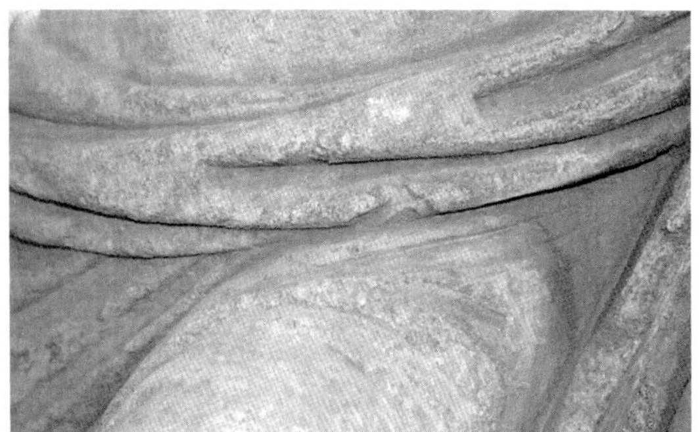

Abb. 34 Die Mainzer Salus, Detail

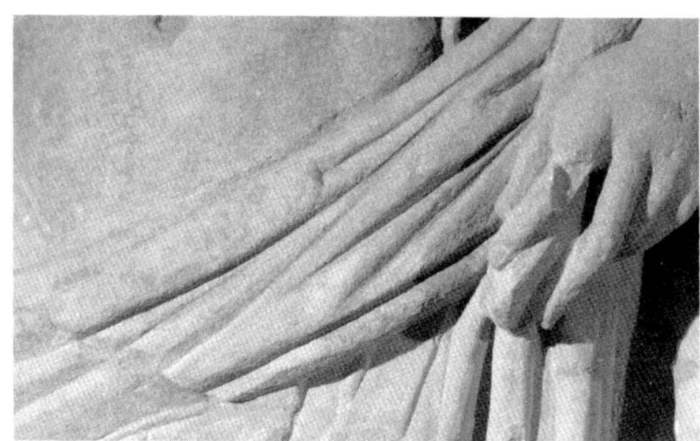

Abb. 35 Genius aus *Nida*, Detail

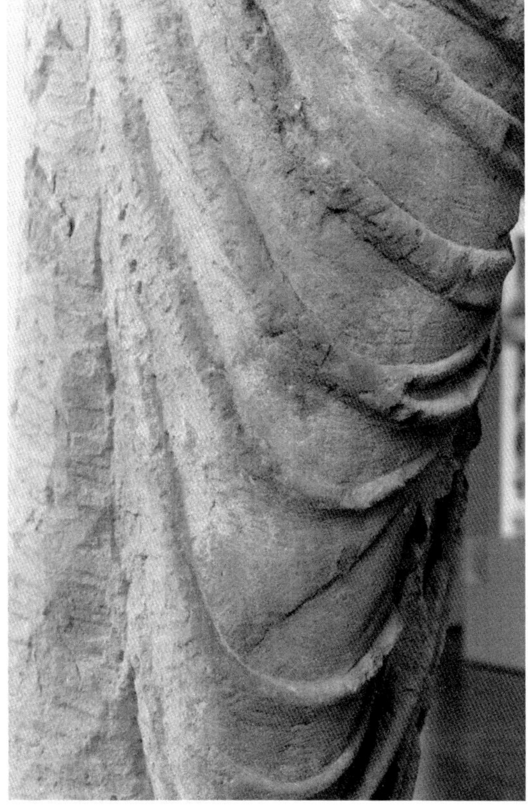

Abb. 36 Die Mainzer Salus, Detail

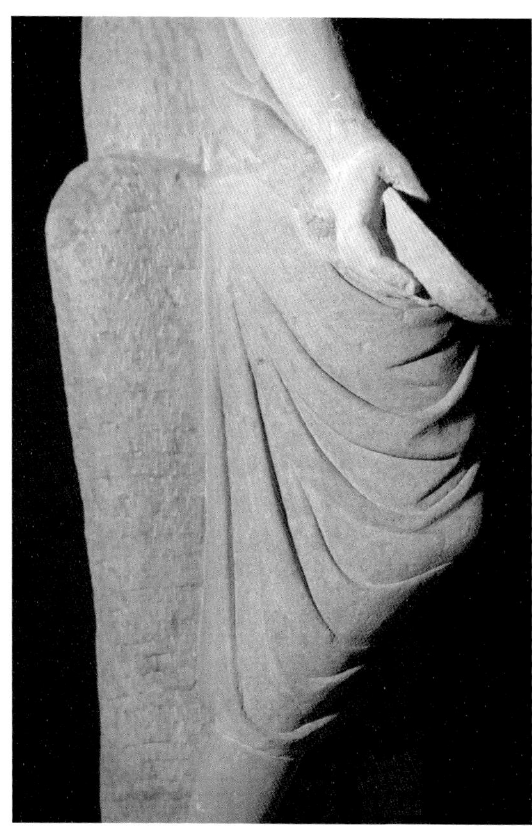

Abb. 37 Genius aus *Nida*, Detail

meißel geglättete Faltentäler, Faltenhöhen ohne jede Kante, gemuldete Faltenrücken – all dies mit einer Akkuratesse und Plastizität, die sich im weiteren lokalen Denkmälerkreis schwerlich wieder finden lässt (Abb. 34. 35). Darüber hinaus ist die Mantelorganisation an der linken Seite dieser beiden Skulpturen bis in Details von so prinzipieller Übereinstimmung, dass ein Zufall ausgeschlossen werden kann (Abb. 36. 37). Hingewiesen sei insbesondere auch auf die jeweiligen Röhrenfalten vor der linken Schulter einschließlich der für den Arbeitsprozess aufschlussreichen Kerben in den Einschnitten.

Auf den ersten Blick scheinen die Körper der beiden Skulpturen zwar kaum einer gemeinsamen Handschrift zuweisbar zu sein: gleitende Formen an der Salus, voneinander abgesetzte am Genius. Aber auch hier gilt es nicht weniger, Motiv und Stil zu scheiden. Primär bedingen die Ideale eines weiblichen und eines männlichen Körpers die divergente Ausprägung, wobei eingeräumt werden muss, dass die Addition und Prägnanz der männlichen Muskeln eine zeitstiltypische Prononcierung erfahren hat. Entscheidend ist jedoch die grundsätzliche Formgebung. Für beide Werke charakteristisch ist der „gleichsam aufgepumpt wirkende Körper“[143].

Diese und weitere Analogien der zwei nahezu zeitgleich geschaffenen Skulpturen, die im Abgleich mit den übrigen Steinmetzprodukten der Gegend besonders evident werden (vgl. hier bspw. Abb. 37. 38. 43. 44), machen deutlich, dass über zeitstilistische Zusammenhänge hinaus werkstattbedingte Eigenheiten die Ausführung bestimmten und schon den Entwurf mitprägten. Zum letzteren Aspekt zählt, dass beide Körper von den Füßen an durchgehend in merklicher Schrägstellung aufwachsen, was zur Folge hat, dass sich ihr Gewicht überproportional auf die Standbeinseite verlagert: sichtlich Teil eines Konzepts, das auf Verlebendigung der Figurenwiedergabe zielt[144]. Demselben Prinzip folgt der Aufbau des Oberkörpers, der jeweils mit dem Verlauf des Mantelwulsts kontrastiert und sich zurückhaltend, doch Beweglichkeit signalisierend zur Spielbeinseite wendet. Die Kopfhaltung nimmt diese Tendenz verstärkt auf; der Kopf der Salus ist zwar verloren, seine einstige Drehung dem Halsansatz aber noch ablesbar. Den Kopf des Genius zeichnet ein komplexes Haltungsmotiv mit Wendung, axialer Neigung und wohl auch leichter Senkung aus. An diesem Werk tritt vor allem aber eine Steigerung der Aktivität in Kombination mit einer die Komposition zusammenfassenden Spannung hervor, die in dem abgewinkelten rechten Arm und der diagonalen Verbindung von (stimmig ergänzter) Patera, Mantelwulst und Füllhorn zur Geltung kommen. Durch haltungsmotivische und kompositorische Differenzierungen gegenüber seinem vielfach dokumentierten Typus erfährt der Genius eine Dynamisierung, die als eigene Leistung des Bildhauers zu verstehen ist[145]. Gleiche Tendenzen bestimmen die Salus, so dass analog auf einen wesentlichen konzeptionellen Beitrag ihres ausführenden Bildhauers geschlossen werden darf.

Ebenso entsprechen sich die beiden Oberkörper im Formenvortrag. Die plastischen Ausprägungen korrelieren jeweils mit dem Geschlecht der Dargestellten und zeugen von bewusster

143 Noelke 2021, 380 f. zum Genius aus *Nida*.

144 Der schräge Aufbau kehrt drei Jahre später an einem Geniusrelief aus Mainz wieder: Selzer 1988, 223 Nr. 219; Frenz 1992b, 84 f. Nr. 44 Taf. 38.

145 Mehrere Beispiele für den Typus als Skulptur oder im Relief aus der Rhein-Main-Region: Kunckel 1974, Taf. 68. 83. 89. Im Einzelnen: Selzer 1988, Nr. 219. 220. 236; Frenz 1992b Nr. 44 Taf. 38 (= Selzer 1988, Nr. 219); Nr. 45 Taf. 39; Mattern 1999, Nr. 38 Taf. 27; Nr. 96–102. 104. 105 Taf. 52. 53; P. Noelke, in: Lipps u. a. 2021a, 396–399 Kat. 62.

Differenzierung, die die stilistische Einheitlichkeit jedoch nicht zur Disposition stellt. So ist beiden Oberkörpern gemeinsam eine gegenüber dem Rippenkasten und dem Bauch zurücktretende Brust. Insgesamt eignet den Körpern ungeachtet divergenter Akzentuierungen die Tendenz zur Wölbung isolierter, aufgelisteter Partien. Sie verbleiben in einer äußeren Schicht, werden anschaulich nicht von einem imaginären inneren Gerüst gehalten. Der „gleichsam aufgepumpt wirkende Körper“[146], wie er am Genius erkannt worden ist, trifft auch auf die Salus zu.

Die konzeptionellen und herstellungstechnischen Analogien der zwei nahezu zeitgleich geschaffenen Skulpturen, die der Autopsie zufolge auch aus demselben Steinmaterial gehauen worden sein könnten, veranlassen uns zu der Annahme, hier von demselben Werkstattzusammenhang auszugehen, auch wenn aufgrund der Stilanalyse die Zuweisung beider Werke an denselben oder dieselben Handwerker[147] lediglich wahrscheinlich gemacht werden kann[148]. Eine konsequentere analytische Unterscheidung von Komposition, Motiv und Ausführung führte dazu, dass die am Beginn des 20. Jhs. noch vergleichsweise undifferenziert vorgenommenen und häufig unhaltbaren Werkstatt- und Künstlerzuweisungen[149] heute größere Plausibilität für sich beanspruchen können. Zudem hat sich das mit dem Verfahren verbundene Erkenntnisinteresse verlagert und gilt heute weniger der Rekonstruktion individueller Œuvres als Grundlage für das Verständnis antiker Künstlerbiographien und des Beitrags einzelner zur antiken Kunstgeschichte[150], denn als Grundlage weiterführender wirtschaftlicher, ästhetischer und sozialgeschichtlicher Fragestellungen[151].

Gerade im nördlichen Obergermanien, wo die Zahl der römischen Steinmetzprodukte (und Handwerker) im Vergleich etwa zu Rom gering ausfällt und die meisten Zeugnisse in der kurzen Zeitspanne von antoninischer bis spätseverischer Zeit gefertigt wurden, lassen sich mitunter frappierend enge stilistische Gemeinsamkeiten etwa zeitgleich geschaffener Werke beobachten, so dass ungeachtet der häufig verwitterten Sandsteine und der grundsätzlichen methodischen Schwierigkeiten, Zeit-, Regional- und Werkstattstil eindeutig zu unterscheiden u. E. zahlrei-

146 Es kann zugestandenermaßen auch als ein Phänomen des Zeitstils beschrieben werden, vgl. Nesselhauf – Strocka 1967 zu den gleichzeitig in Öhringen geschaffenen Statuen. Entscheidend bleibt aber die Konsequenz, mit der die Formprinzipien hier zur Anwendung kommen. Man vergleiche die Salus mit dem ebenfalls „aufgepumpt wirkenden“, doch ballonförmig vereinfachten Bauch der Victoria auf einem zeitgleichen Dreigötterstein aus Heidelberg; Mannheim, Reiss-Engelhorn-Museen, ohne Inv; P. Noelke, in: Lipps u. a. 2021a, 411–415 Kat. 67,5. 6. Zum Mantel der Victoria s. oben Anm. 47.

147 Vieles deutet auf arbeitsteilige Verfahren in den Bildhauerwerkstätten hin. Die Quellen finden sich bei Noelke 2006, 107–120, der auf S. 120 resümiert: „Festzuhalten bleibt, dass auch im Untersuchungsgebiet neben Hilfskräften und Lehrlingen sowohl nur ein Bildhauer als auch mehrere ‚sculptores‘ in einer Werkstatt tätig waren, die eine eigene Handschrift entwickelt hatten. In griechisch-römischer Tradition waren die Officinae zum Teil als Familienbetriebe organisiert. Überwiegend besaßen die Bildhauer nur peregrinen Status.“ An der vorliegenden Salusstatue lassen sich jedoch keine Steinmetzhände unterscheiden.

148 Vgl. Borbein 2000; Lang 2002, 194–203; von den Hoff 2019, 24.

149 z. B. Kutsch 1930; Gerster 1938; vgl. auch die Kritik bei Gabelmann 1972, 81.

150 Borbein 2005.

151 Vgl. etwa den bei Howard Becker (2017) stark gemachten Ansatz.

che in der Mehrzahl überzeugende ‚Künstler'- bzw. ‚Werkstattzuweisungen' gelungen sind[152]. In Kombination mit den wenigen erhaltenen Bildhauersignaturen, bildlichen und schriftlichen Zeugnissen der Steinmetze selbst sowie aus antiken Halbfabrikaten und Steinbrüchen gewonnenen Informationen gibt das eine ansatzweise Vorstellung von der Produktion und dem Vertrieb römischer Skulptur.

Entgegen älteren Vermutungen, wonach Obergermanien grundsätzlich durch ‚Wanderbildhauer' versorgt worden sein soll[153], lässt sich eine Vielzahl kleinerer und örtlich agierender Bildhauerbetriebe aufzeigen. Diese gab es nicht nur in den Provinzhauptstädten und Civitas-Hauptorten, sondern auch in kleineren *vici*[154]. Eine lokal agierende Werkstatt konnte Peter Noelke bspw. für Ladenburg und Heidelberg nachzeichnen. Dabei verwies er gemeinsam mit Renate Ludwig auf die engen motivischen und stilistischen Übereinstimmungen zwischen einem Viergötterstein aus Ladenburg und einer erst 2007 gefundenen Jupitersäule aus Heidelberg-Neuenheim, wobei unklar bleibt, ob die Werkstatt in Ladenburg oder Heidelberg angesiedelt bzw. wo das Werk genau produziert worden war (Abb. 38. 39)[155]. Daneben lassen sich Werkstätten identifizie-

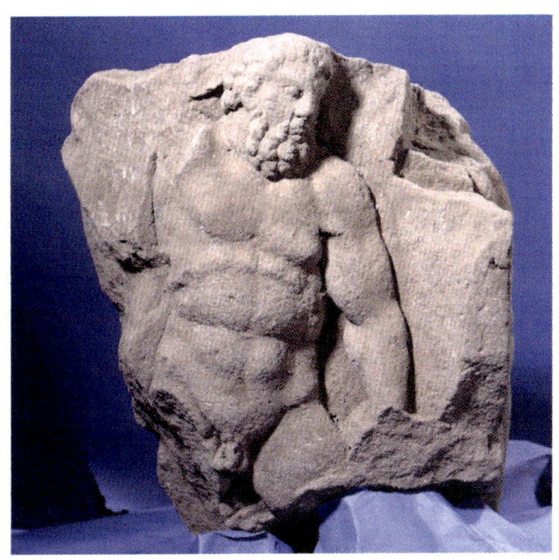

Abb. 38 Herkules einer Jupitersäule aus Ladenburg. Rastatt, Fundarchiv Archäologisches Landesmuseum Baden-Württemberg, Inv. 2001-0173-0669-000

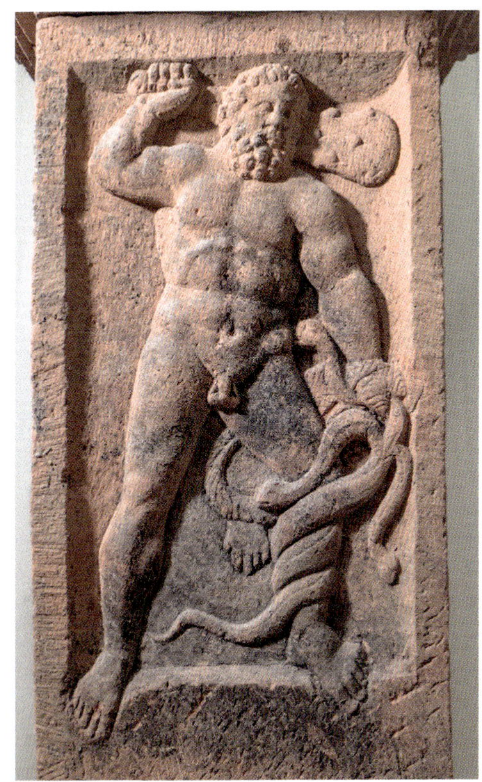

Abb. 39 Herkules einer Jupitersäule aus Heidelberg. Heidelberg, Kurpfälzisches Museum, Inv. HD-Neu 2008/150 c

152 Etwa Gabelmann 1972; Klumbach 1973, 31; Schleiermacher 1984, 43 f.; Gabelmann 1979; Bauchhenß 1984a, 25–32; Bauchhenß 1984b, 11–18; Boppert 1992a, 46 f.; Boppert 1992b, 81 f.; Frenz 1992a, 35; Frenz 1992b, 45–56; Boppert 1998, 27–38; Mattern 1999, 54 f.; Boppert 2001, 36–46; Mattern 2001, 36; Mattern 2005a, 35–40; Mattern 2005b, 40–43; Künzl 2010, 473–478; Schröder 2016, 36–55.

153 Nesselhauf – Strocka 1967, 130 f.

154 Noelke 2006, 96–107. 130–138.

155 Herkules aus Ladenburg: Fundarchiv Archäologisches Landesmuseum Baden-Württemberg, Inv. 2001-0173-0669-000; Herkules aus Heidelberg: Kurpfälzisches Museum Heidelberg, Inv. HD-Neu 2008/150 c; Ludwig – Noelke 2009, 413–415; Noelke 2020/21. Anders Ludwig 2017, 15 f.

ren, die Aufträge immerhin in einem weiteren regionalen Umfeld ausführten. Hans Klumbach, Gerhard Bauchhenß und Peter Noelke erkannten etwa einen gemeinsamen Werkstattzusammenhang für zwei Jupiterweihesteine, von denen der eine auf dem Heiligenberg bei Heidelberg, der andere in Hausen an der Zaber rund 45 km südöstlich davon gefunden wurde[156]. Volker Strocka rekonstruierte anlässlich eines 1961 erfolgten Fundes mehrerer Statuen in Öhringen drei spätseverische ‚Meister', deren Auftraggeber neben Öhringen auch aus Mainhardt und Osterburken gekommen sein sollen[157]. Der Radius, in dem ein Betrieb agierte, konnte in manchen Fällen aber auch größere Reichweiten annehmen. Bauchhenß wies einen in den 240er Jahren entstandenen Viergötterstein in Mainz und einen anderen in Ladenburg derselben Werkstatt zu[158]. Ein Blick auf die Steinmetzprodukte zeigt dabei, dass über eine größere Distanz vergebene Aufträge und eine gehobene Qualität der Produkte tendenziell zusammenfallen. So mag mit einer Produktion gehobener Qualität eine größere Mobilität der Bildhauer einhergegangen sein, wie es auch für den Mittelmeerraum[159] und die Produzenten anderer Handwerkszweige der Nordwestprovinzen[160] zu beobachten ist. Darauf deuten literarische und epigraphische Quellen zum Teil in Verbindung mit archäologischen Artefakten hin. Die gallischen Arverner beauftragten Plinius d. Ä. zufolge bspw. den bekannten griechischen Bronzekünstler Zenodoros Mitte des 1. Jhs. n. Chr. mit der Anfertigung einer kolossalen Merkurstatue aus Bronze, bevor der Künstler nach Rom ging, um den berühmten Koloss des Nero zu fertigen[161]. Für Mainz und Umgebung wird ein vergleichbarer Vorgang durch die literarischen Quellen nicht explizit beschrieben, doch mag man sich einen eigens von auswärts beauftragten Bildhauer auch für die Herstellung der bronzenen Statuengruppe auf dem Germanicusbogen nach 19 n. Chr. vorstellen[162]. Die drei Bildhauersignaturen, die aus Mainz und Umgebung bekannt sind, befinden sich ebenfalls auf Werken exzeptioneller bildhauerischer Qualität und wurden den Namen nach von zugewanderten Bildhauern geschaffen. Dabei handelt es sich um die große Mainzer Jupitersäule aus neronischer Zeit, für welche (u. a.?) Samus und Severus als Bildhauer firmierten, die aus Südgallien oder Norditalien stammen dürften (Abb. 12)[163]. Aufgrund der enorm hohen Qualität und konzeptionellen Einzigartigkeit ihres Werkes, geht die Forschung davon aus, dass die beiden eigens für den Auftrag nach Mainz bestellt worden sein könnten[164]. Vielleicht

156 Klumbach 1973, 31; Bauchhenß 1981, 28; Noelke 2020/21.

157 Nesselhauf – Strocka 1967.

158 Bauchhenß 1981, 174 f. Nr. 314; Bauchhenß 1984b, 45–47 Nr. 39 f. Taf. 66. 67.

159 Vgl. etwa die Karriere des Bildhauers C. Avianus Euander, die ihn im 1. Jh. v. Chr. nach Athen, *Alexandria* und Rom führte: Marx 1898.

160 Bspw. zur Keramik: Flecker 2021 sowie allgemein Sieler 2013.

161 Plin. Nat. 34,45–47. Zum Koloss des Nero: Bergmann 1994.

162 s. Anm. 72 f.

163 Landesmuseum Mainz, Inv. S 137: Bauchhenß 1981; Scherrer 2007, 144 f.; Riemer 2022; Schollmeyer 2022, 57 f.

164 Zur Herkunft der Brüder: Kakoschke 2002, 544. 593.

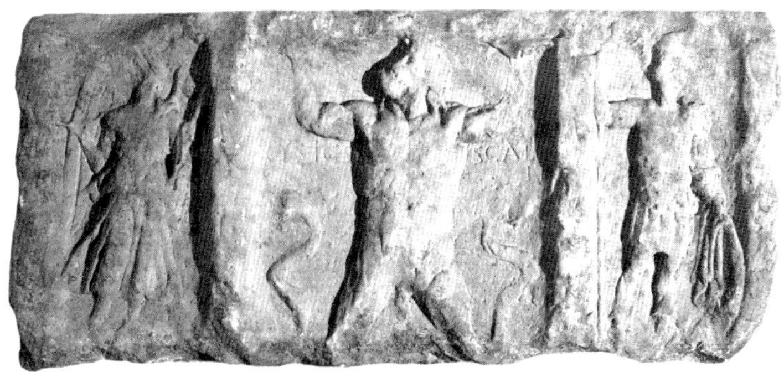

Abb. 40
Reliefblock mit Gigant nebst Viktoria und Mars aus Groß-Gerau. Darmstadt, Hessisches Landesmuseum, Inv. II.A.8 (als Dauerleihgabe im Museum Groß Gerau)

blieben sie daraufhin länger oder ganz in Mainz. Zumindest hat Hans Georg Frenz den beiden zwei weitere in Mainz-Weisenau gefundene Kapitelle überzeugend zugewiesen[165]. Eher aus dem Osten dürfte dem Namen nach hingegen der Bildhauer Xysticus stammen, der einen qualitativ und konzeptionell ebenfalls herausragenden Stein in Groß-Gerau schuf, auf dem ein hockender schlangenbeiniger Gigant nebst Viktoria und Mars zu erkennen ist (Abb. 40)[166]. Die Weihung dokumentiert die Verfügbarkeit hochwertiger Steinmetzprodukte auch für kleine *vici.* Für den Zentralort Dieburg ist schließlich der Bituriger Silvestrius Silvinus aus Aquitanien[167] bezeugt, der laut Stifterinschrift auf einem im Mithraeum gefundenen Relief severischer Zeit die *ars quadrataria*, das Bildhauerhandwerk, ausübte und das bestechend gute Relief vermutlich auch selbst hergestellt hat (Abb. 41. 42)[168]. Da sein Bruder und sein Enkel gemeinsam mit ihm firmieren und eventuell weitere Werke mit ihm in Verbindung zu bringen sind[169], könnte er länger oder dauerhaft in Dieburg angesiedelt gewesen sein und gewirkt haben.

So zeigt sich in Obergermanien ein Nebeneinander ganz unterschiedlicher Qualitäten, die offensichtlich auf den Anspruch der Auftraggebenden sowie den Ort und den Anlass der Aufstellung abgestimmt waren und je nach Bedarf auf weiter entfernte Betriebe zurückgriffen. Vergleichbare Produktions- und Distributionsvorgänge, die am selben Ort und zur selben Zeit Werke unterschiedlicher Qualitätsstufen entstehen ließen, lassen sich auch an anderen Orten, etwa in Spanien[170], Trier[171] oder *Apollonia*[172], nachweisen. Die Folge dürfte ein größerer Vertriebsradius für qualitativ hochwertig arbeitende Werkstätten gewesen sein.

165 Frenz 1992a, 35.
166 Darmstadt, Hessisches Landesmuseum, Inv. II.A.8 als Dauerleihgabe im Museum Groß-Gerau: Mattern 2005a, 171 f. Nr. 316 Taf. 112 f. Zur Herkunft: Kakoschke 2002, 578. 593.
167 Kakoschke 2002, 540. 593.
168 Mattern 2005a, 28–30. 154–156 Nr. 272; Matijević – Wiegels 2004, 224–227; Lockau 2017, 70–72.
169 Mattern 2005a, 39 f.; Noelke 2006, 91 f.
170 Lehmann – von Hesberg 2021.
171 Dorka Moreno 2021.
172 Griesbach 2021b.

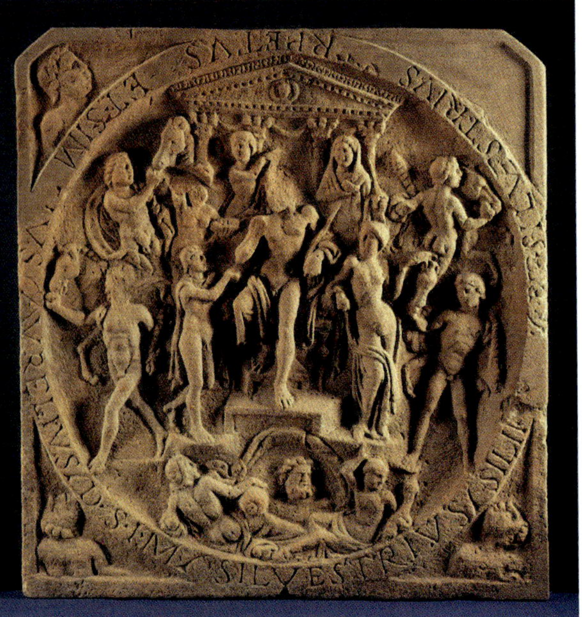

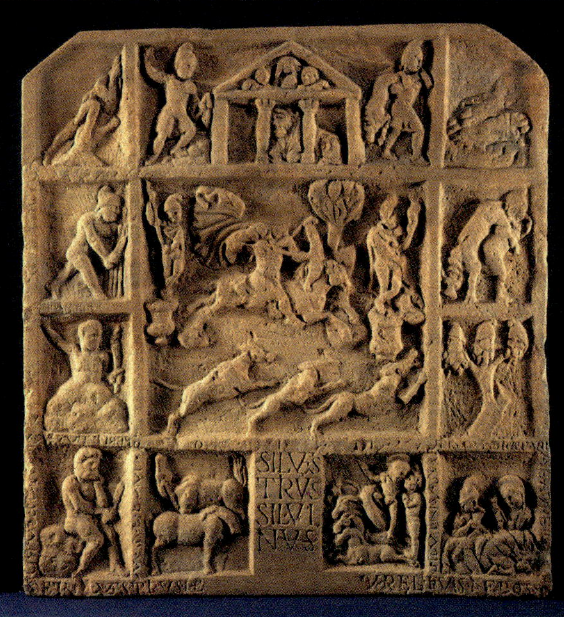


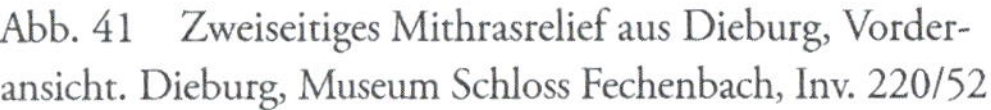
Abb. 41 Zweiseitiges Mithrasrelief aus Dieburg, Vorderansicht. Dieburg, Museum Schloss Fechenbach, Inv. 220/52

Abb. 42 Zweiseitiges Mithrasrelief aus Dieburg, Rückansicht. Dieburg, Museum Schloss Fechenbach, Inv. 220/52

In diesem Sinne könnten auch die Mainzer Salus und der Genius aus *Nida* als Produkte eines hoch spezialisierten und mitunter qualitätsvollen Betriebes[173] zu verstehen sein, der um 230 n. Chr. herum u. a. besonders hochwertige Statuen (gerade von den damals beliebten Heils- und Schutzgottheiten) hergestellt hat und dessen Auftraggebende aus dem gesamten Rhein-Main-Gebiet und vielleicht darüber hinaus stammten. Ein gemeinsamer Werkstattzusammenhang lässt sich vielleicht auch für das zweite im Zollhafen gefundene Stück annehmen, das einem in Mannheim-Neckarau ca. 60 km südlich von Mainz gefundenen und 2021 durch Jochen Griesbach und Jonas Osnabrügge bekannt gemachten Fragment sehr ähnlich sieht (Abb. 48. 52)[174]. Das heute in den Reiss-Engelhorn-Museen in Mannheim befindliche Stück stellt von ca. 200 Objekten der Sammlung seinerseits das mit Abstand qualitätsvollste Artefakt dar[175].

(DK – JL)

173 Die Qualitätsunterschiede von derselben Werkstatt bzw. demselben Steinmetz geschaffener Werke scheinen mitunter beträchtlich gewesen zu sein, worauf ein Weihrelief und eine Grabstele aus Dalmatien hindeuten, die der Inschrift, den Fundorten und der Zeitstellung zufolge von demselben Maximinus geschaffen wurden, jedoch qualitativ und auch stilistisch beachtliche Unterschiede aufzeigen: Noelke 2006, 111.

174 J. Griesbach – J. Osnabrügge, in: Lipps u. a. 2021a, 521 f. Kat. 104.

175 Vgl. Lipps u. a. 2021a.

## 7. Stifter und Adressaten

Was lässt sich nun über die Auftraggeber dieser außergewöhnlichen Salusstatue noch aussagen? Senecionius Moderatus und Respectius Constans sind bislang aus den Inschriften aus Mainz und der weiteren Umgebung nicht belegt, sodass keine weitergehenden prosopographischen Aussagen möglich sind. Die Gentilnamen sind jedoch vor allem aus dem militärischen Umfeld von Mainz mit einigen Belegen vertreten[176]. Über eine familiäre Verbindung lässt sich nur spekulieren, doch spricht dies zusammen mit den vor allem in diesem Gebiet vorkommenden Namen für eine enge Verbindung mit *Mogontiacum*. Auch die für den gallisch-germanischen Raum typische Bildung der Gentilnamen aus verbreiteten Einzelnamen verdeutlicht die lokale Herkunft der Stifter – zumindest fehlt hier jeder Hinweis auf eine auswärtige Herkunft wie etwa die Erwähnung der Heimatgemeinde[177]. Die *cognomina* sind unspezifischer und aufgrund ihrer mit verbreiteten Tugenden assoziierten Bedeutung im ganzen Imperium Romanum verbreitet, gleichwohl finden sich auch hier lokale Belege[178]. Wie im 3. Jh. üblich tragen beide kein Praenomen mehr oder verzichteten auf die Nennung, ihr römisches Bürgerrecht dürften sie spätestens mit der *constitutio Antoniniana* 212 n. Chr. erhalten haben[179]. Beide nennen weder Amt noch Beruf, die aufwendige Stiftung zeigt aber, dass es sich um Angehörige der lokalen Elite handeln dürfte. Vielleicht waren es Händler, die mit der Legion oder im Hafen des Dimesser Ortes Geschäfte machten, doch auch hierüber lässt sich nur spekulieren[180].

Die von den beiden in Auftrag gegebene Statue korrespondiert nicht nur in der Qualität mit der Inschrift auf ihrem Sockel. Auch inhaltlich stehen Text und Monument in einem engen Verhältnis, welches nicht nur in Obergermanien außergewöhnlich ist: Der die Inschrift einleitende Göttinnenname steht im Akkusativ und bezieht sich damit auf die gestiftete Statue der Salus, die

176 Den Gentilnamen Senecionius tragen in Mainz zwei weitere Personen; Senecionius Iulianus, Sohn eines Veteranen: CIL XIII 6687 = HD077051; Senecionius Priminus(?), Soldat der *cohors I Belgarum*: CIL XIII 6881 = HD077443; zu diesem Namen Kakoschke 2021a, 429 f. Nr. GN 1172. Weitere Belege stammen aus Wimpfen im Tal: CIL XIII 6484 = HD036590; sowie *Brigetio* (Komárom, Ungarn): RIU 580 = HD039542. – Ein Respectius Servandus war *miles pecuarius* der *legio XXII*, sein Sarkophag wurde von dessen Sohn Respectius Respectinus mitfinanziert: CIL XIII 7077 = HD023267; ein Respectius(?) Ursinus(?) ist als *commentariensis consularis* belegt: CIL XIII 6803 = HD077287 (der Fundort ist Wiesbaden, doch macht die Funktion die Beziehung zum Statthaltersitz in Mainz deutlich); ein weiterer Beleg stammt aus *Lauriacum* (Enns, Österreich): ILLProN 978 = HD035755; sowie einer aus *Lugdunum* (Lyon): CIL XII 1732; zum Namen Kakoschke 2021a, 399 f. Nr. GN 1070.

177 Aus Respectus bzw. Senecio. Zu diesem Phänomen, das nicht nur aus juristischer Sicht zu Unrecht bislang oft als ‚Pseudo-Gentiliz' bezeichnet wird – da die Namen einen Namen römischer Form nur ‚vortäuschten' –, etwa Weisgerber 1968, 135–138; Dondin-Payre 2001, 243–252.

178 Ein *Co<n>sta<n>s* ist aus Mainz-Kastel belegt, CIL XIII 7281 = HD069273; zu diesem Namen Kakoschke 2021b, 297 Nr. CN 898. Auch einen Moderatus kennen wir aus Mainz, CIL XIII 6687 = HD077051; zum Namen Kakoschke 2021c, 129 f. Nr. CN 2081.

179 Zu den Auswirkungen der *constitutio Antoniniana* Pferdehirt u. a. 2012; Besson 2020.

180 Zur großen Bedeutung, welche die Binnenschifffahrt und auch der Hafen am Dimesser Ort für die Logistik der *legio XXII Primigenia* besaßen, jetzt Groff 2022.

hier das Akkusativobjekt vorstellt[181]. Zwar fehlt ein entsprechendes Verb, doch ist der Sinn auch so erkennbar. Gottheitennamen im Akkusativ sind in lateinischen Inschriften selten, kommen allerdings durchaus vor, wenn auf eine ‚Darstellung' der Gottheit Bezug genommen wird, und nicht auf die geehrte Gottheit als Adressat einer Stiftung oder Weihung – Nutznießer sind hier vielmehr die im Dativ genannten *canabarii*[182]. Auch in Obergermanien machen Inschriften, bei denen Götternamen im Akkusativ genannt werden, nur einen Bruchteil aller Inschriften mit namentlicher Erwähnung von Gottheiten aus[183]. Dennoch ist dies vereinzelt auch in *Mogontiacum* und Umgebung zu beobachten. Aus Mainz-Kastel etwa kennen wir ein Weihrelief des Mercurius mit der Bezeichnung des Gottes im Akkusativ.[184]

Obwohl unsere Inschrift nur sehr kurz ist, lässt sich das der beobachteten Syntax mit dem Götternamen im Akkusativ zugrundliegende Interaktionsschema an anderen Beispielen aus anderen Teilen des Reiches gut erschließen. So stiftete ein *decurio* aus Savaria in *Aquae Iasae* (Varaždinske Toplice) eine lebensgroße Marmorstatue der Minerva im westlichen Forumstempel des regional bedeutenden Pilger- und Badeortes[185]. Aus demselben Ort ist noch eine weitere auf diese Art gekennzeichnete Stiftung einer Nymphengruppe bekannt, was bereits auf den mit solchen Aufstellungen verbundenen Aspekt der Statuskonkurrenz verweist[186]. In *Brigetio* (Komárom) wurde die Basis einer solchen Stiftung einer Kapitolinischen Trias als Sarkophagdeckel wiederverwendet[187]. In *Assisium* (Assisi) wurde durch den Freigelassenen Sevirn Q. Tiresius

181 Eine solche direkte Bezeichnung des Götterbildes erfolgt bei Weihungen meist, indem der Typ des geweihten Objekts noch dazu genannt wird, also etwa *statuam, imaginem, signum* usw., dazu Hainzmann 2019. Dies ist hier nicht der Fall.

182 Zu diesem bislang kaum diskutierten Phänomen etwa Eck 2016, 216 f. Wir finden einen solchen Verweis etwa dann, wenn Götterbilder einer anderen als der dargestellten Gottheit oder einem Konzept wie etwa der *salus* und *incolumitas* des Kaisers geweiht werden, was klar macht, dass sich solche Namen auf die geschenkten Götterdarstellungen beziehen. Dies ist etwa der Fall auf CIL III 1962: … *imperio Veneris Iunonem dono dedit* oder CIL VIII 6962 … *Isidi Bubas[ti] Vener(em) arg(enteam) (…) dedit*; weitere Beispiele: CIL VIII 6962; X 1568 vgl. auch Eck 2016, bes. 216 f. zu AE 1948, 145 (Stiftung einer Büste des Sarapis für Caracalla). Ritualpraktisch unterscheidet sich dies nicht von anderen Formen eines Geschenks an eine Gottheit, selten ist allerdings die explizite inschriftliche Ausformulierung. Ein solches Muster liegt hier nicht vor. Weitaus häufiger ist dieses bei ehrenden Weihungen von Porträtstatuen oder auch Dedikationen an die Gottheiten im griechischsprachigen Raum. Eine interessante Parallele liegt in einer kaiserzeitlichen Dedikationsinschrift aus Odessa vor: τὸν σωτῆρα Ἀσκλη/πιὸν καὶ τὴν Ὑγιεί/αν εἵλεω τοῖς κυρί/οις Φοῖβος ἀνέστη/σεν (IG Bulg I 76; m. Abb. tab. 28). Auch hier scheint es sich um eine Statuenbasis zu handeln, welche vermutlich Standbilder des Asklepios und der Hygieia/Salus trug.

183 Uns sind zwölf bekannt: Fortuna: CIL XIII 6679; Genien: CIL XIII 6418. 6482. 6540. 6684. 6690. 7261. 7335. 7337. 7754. 11726; Mercur: CIL XIII 7276. Da das Phänomen sehr selten zu sein scheint, wird dies bei Ergänzungen oft nicht berücksichtigt, was den Eindruck der Seltenheit noch verstärken dürfte.

184 CIL XIII 7276 = HD075253 (*Mercurium domesticum*).

185 Arheološki muzej u Zagrebu 2015, 153 Nr. 65 (m. Abb.) = HD000496: *M[i]nervam Aug(ustam) L(ucius) Cl(audius) Ti(beri) f(ilius) Quirina Moderatus … posuit*; zu Statue und Stiftung: Kušan Špalj 2015, 92 f.

186 CIL III 10893 = HD069303: *Nymphas salutares M(arcus) Rutilius Lupus tr(ibunus) mil(itum) leg(ionis) XXII …*

187 CIL III 4290 = HD039096 = lupa.at/9618: *Iovem Iunonem Minervam / Septimius Su[------*.

Campanus ein Bildwerk des Gottes des glücklichen Gelingens geweiht, und zwar den Bürger:innen und Einwohner:innen der Stadt, die auch dort als Dativobjekte erscheinen: *Bonum Eventum municipio municipibus et incolis Assisinatibus*[188]. Aus Ephesos ist eine ganze Reihe von Stiftungen des Ritters C. Vibius Salutaris bekannt, welcher der Artemis und seiner Heimatstadt silberne Statuetten der Diana und anderer Gottheiten zum Geschenk machte, was auf zahlreichen Basen zusammen mit Anweisungen zur prominenten öffentlichen Präsentation der Objekte inschriftlich festgehalten wurde[189]. Weitere Beispiele, bei denen ein Götterbild nicht einer Gottheit, sondern einer Gemeinschaft zum Geschenk gemacht wurde, lassen sich anführen[190].

Diese Beispiele machen deutlich, welche Botschaft die Inschriften im Zusammenspiel mit den von ihnen referenzierten Statuen vermitteln sollten: Die Stiftungen waren euergetische Wohltaten für eine Gemeinschaft, innerhalb derer sich die Stiftenden durch ihre Großzügigkeit profilieren und als Wohltäter:innen präsentieren wollten. In diesem Sinne ist auch unsere Inschrift zu verstehen. Es handelt sich um eine euergetische Wohltat durch Senecionius Moderatus und Respectius Constans für die Gemeinschaft der *canabarii* durch welche die Stifter öffentlich in Erscheinung traten und im Rahmen einer reziproken Gabentauschbeziehung finanzielles in soziales Kapital umtauschen konnten[191]. Auf diese Weise erzielten sie eine positive Integration in das kollektive Gedächtnis ihrer Stadt, wozu neben der Stiftung selbst, deren Einweihung sicher mit einer öffentlichkeitswirksamen Zeremonie einherging[192], auch die Präsentation der Namen der Stifter auf einer mit dem Objekt assoziierten Inschrift beitrug[193].

Diese Inschrift erweist sich durch den Götternamen im Akkustativ also nicht nur als Stifter- statt als Weihinschrift, sondern sie verbindet die Aufmerksamkeit der Lesenden auch mit dem

188 CIL XI 5371 = EDR025322.

189 CIL III 6065 = III 12252 = III 14195,12; III 14195,4–8; IK 11,1,Ia 28–35: … *Dianam argenteam item imagines argenteas duas unam urbis Romanae et aliam gerusiae sua pecunia fecit ita ut omni ecclesia su[p]ra bases ponerentur* …; CIL III 14195,4 = IK 11,1,Ia 35: Ἄρτεμιν ἀργυρέαν καὶ εἰκόνας ἀργυρᾶς [β′] μίαν ἡγεμονίδος Ῥώμης καὶ (ἄλλην τῆς) φιλοσεβάστου γερουσίας ἐκ τῶν ἰδίων ἐποίησεν ἅτινα καθιέρωσεν ἵνα τιθῆται κατὰ ἐκκλησίαν ἐπὶ τῶν βάσεων …

190 CIL V 4203 aus *Brixia* (Brescia): *Bonum eventum VIvir(orum) [s]o[ci]orum* …; AE 1977, 186, *Cereatea Marianae* (Casamari): *T(iberius) Claudiu[s] Florus Mercuriu[m] collegi[o d(onum)? d(edit)?]*; bei CIL II 5929, *Carthago Nova* (Cartagena) ist es umgekehrt, hier wurden einer Einzelperson Figuren der Laren und des Mercur durch die *piscatores et propolae* zum Geschenk gemacht.

191 Nach Colpaert 2014, 181 Anm. 2 lässt sich Euergetismus als „the interaction between wealthy individual members of the elite using their means, connections and/or talents to provide the community or a city […] with services or amenities (e. g. buildings, festivals, distributions, embassies) and the community […] officially awarding honours" fassen. Zum Euergetismus in den gallisch-germanischen Provinzen Frézouls 1984.

192 Hinweise auf solche Zeremonien sind spärlich, doch müssen sie gerade für solche Monumente erheblich zur Verankerung im öffentlichen Gedächtnis beigetragen haben: Apul. Flor. 16,31 kündigt eine Rede zum Anlass der *dedicatio* einer Ehrenstatue für sich an; epigraphische Belege für solche Zeremonien finden sich besonders aus Italien oder Nordafrika, z. B. AE 2003, 1985; CIL III 7805; VIII 967. 12381; vgl. Derks 1998, 233.

193 Vgl. Horster 2015, 530 mit Verweis auf Plin. ep. 5,11. 7,18.

Objekt der Stiftung: dem Bildwerk der Salus (*Salutem*). Das kommunikative Potential solcher synergistischen Verschränkungen von Inschrift und visuellem Objekt hat Fabio Luci anhand einiger republikanischer Beuteweihungen, in denen das Akkusativobjekt fehlt, aber gewissermaßen durch den ‚visuellen Akkusativ' der Spolien realisiert wird, jüngst dargelegt[194]. Sicher war die Statue der visuell unmittelbar beeindruckendste Teil des Monuments, doch bildet ihre Ansprache gleich zu Beginn der Inschrift für die Betrachtenden eine Überleitung zu der intendierten Botschaft, welche die Stifter prominent in Szene setzt: Diese Salus, den Canabarier:innen, Senecionius Moderatus und Respectius Constans.

Das hier postulierte euergetische Handlungsmuster war in *Mogontiacum* und Umgebung nicht unbekannt, wie weitere Inschriften und Monumente belegen: So stifteten zwei Quaestoren der um das heutige Rottenburg gelegenen *civitas Sumelocennensis* am Statthaltersitz ihrer Provinz eine Darstellung des Bonus Eventus, nämlich für die Reiterei der in Mainz stationierten *legio XXII Primigenia*[195]. Bemerkenswerterweise stammt auch diese Stiftung aus dem Jahr 231. Eine Fortuna supera wurde im 2. Jh. für den Honos des Legionsadlers derselben Legion von deren *primus pilus* gestiftet[196]. Der *decurio civium Romanorum Mogontiacensis* C. Valerius Leucadius stiftete seinen Kollegen eine Statue, deren Basis noch erhalten ist (hier ist allerdings die konkrete Stiftung nicht erwähnt)[197]. Auch eines der berühmtesten römerzeitlichen Monumente der Stadt, der Dativius-Victor-Bogen aus der Mitte des 3. Jhs., war als Geschenk an die *Mogontiacenses* gedacht[198]. Eine Inschriftentafel erinnert an die Stiftung einer *aedes omnium deorum*, und zwar für die *vicani,* einer der Mainzer Zivilsiedlungen[199]. Zwei weitere Inschriften aus Mainz erwähnen in dieser Form die Stiftung eines Genius, u. a. des *genius legionis*[200]. Ein weiterer Genius mit nicht mehr erhaltenem Epitheton, der als Geschenk gestiftet worden war, wurde Ende des 2. oder Anfang des 3. Jhs., von einem *custos armorum* wiederhergestellt[201]. Im

194 Luci 2022.

195 CIL XIII 6669 = HD054791: *Bonum Eventum eeqq(uitum) leg(ionis) XXII Pr(imigeniae) p(iae) f(idelis) Albanius Agricola et Macrinius Iuli[a]nus qq(uaestores) cives Sumelo(cennenses) [Po]mpeiano et Paeligniano co(n)s(ulibus).* Bonus Eventus wird ferner auf einem noch unpublizierten Stein genannt, der 2012 bei der Diether-von-Isenburg Straße / Ernst-Ludwig Straße in Mainz gefunden wurde.

196 CIL XIII 6679 = HD075242: *Fortunam superam Honori Aquilae leg(ionis) XXII Pr(imigeniae) p(iae) f(idelis) M(arcus) Minicius M(arci) f(ilius) Quir(ina) Lindo Mar[cel]li[nus p(rimus)] p(ilus) leg(ionis) ei[usdem* ------.

197 AE 1990, 745 = HD024645: *C(aius) Val(erius) Leucadius d(ecurio) c(ivium) R(omanorum) M(ogontiaci) colleg(is) d(ono) d(edit).*

198 CIL XIII 6705. 11810 = Bauchhenß 1984b, Nr. 94. Zum Monument: Frenz 1981, 219–260; Cassibry 2008, 417–450.

199 AE 1929, 132 = HD024469 (... *aedem om[nium deorum et de]arum vic[anis vici* ...).

200 CIL XIII 6690 = HD054851: *Genium legioni(s) XXII Pr(imigeniae),* auch dieser war dem Honos aquilae geweiht; CIL XIII 7261 = HD078474: *Genium plateae p(ost?) p(ortam?) pr(a)et(oriam?),* hierzu weiter unten Anm. 228.

201 CIL XIII 6684 = HD054847: *Genium S[---] ... donum dedit // Titus Saturio custos armorum de suo restituit.*

nahegelegenen Niederbieber wurde 246 ein Genius für das *collegium Victoriensium* gestiftet[202]. Die im Jahr 230 aufgestellte Genius-Statue aus *Nida* ist schließlich nicht nur zeitlich und stilistisch, sondern auch in Bezug auf Inhalt und Intention der Inschrift eine Parallele – dort der Genius für die Bewohner:innen des Vicus, hier die Salus für die Bewohner:innen der *canabae*[203]. Weitere Beispiele aus Obergermanien ließen sich anfügen[204]. Bemerkenswert ist dabei, dass das Verbreitungsmuster die anderen Nordwestprovinzen nicht erfasst, ähnliche Inschriften finden sich erst wieder in den Donauprovinzen sowie Hispanien oder Nordafrika[205].

Die nur ein Jahr auseinanderliegenden Stiftungen aus *Nida* für zwei verschiedene Stadtviertel, der wiederum ein Jahr später unsere Mainzer Salus folgte – in dasselbe Jahr fiel zudem die erwähnte Stiftung eines Bonus Eventus –, weisen darauf hin, dass hier ähnlich wie oben für *Aquae Iasae* bemerkt ein kompetitives Element zugrunde lag. Ein ausgeprägter ‚epigraphic habit' erfasste in dieser Zeit zahlreiche Bereiche des öffentlichen Lebens, so dass auch Stiftungen und Weihungen wie diese zunehmend von inschriftlichen Botschaften begleitet wurden, was auch die aus derselben Zeit stammenden oben angeführten Beispiele *pars pro toto* zeigen[206].

Die Stiftung der hier vorgestellten Salus-Statue galt nun den *canabarii*, was erklärungsbedürftig ist und eine weitere Auffälligkeit der Inschrift darstellt. Üblicher ist der Begriff *canabenses*, der sich auf die Einwohnerschaft der überall im Römischen Reich um die Legionslager

202 CIL XIII 7754 = HD041108: … *collegio Victoriensium signiferorum Genium de suo fecerunt*. Auch die beiden gepunzten Inschriften auf dem Sockel zweier Bronzestatuetten Jupiters und Junos (CIL XIII 7263. 7264), bei denen die Endungen abgekürzt sind, passen in dieses Muster und sollten vielleicht eher zu *I(ovem) O(ptimum) M(aximum) plat(eae) dext(rae) e(untibus?) N(idam?)* … bzw. *Iun(onem) Reg(inam)* … aufgelöst werden.

203 CIL XIII 7335 = HD041967 (… *Genium plateae novi vici cum (a)edicula et ara* …); hierzu Gesemann 1998. Bemerkenswert ist in diesem Zusammenhang auch eine weitere Stiftung aus *Nida*, bei der im Jahr 229 ein Genius mit einem Altar für die *platea praetoria*, also ein anderes Stadtviertel, gestiftet wurde (CIL XIII 7337 = HD058740: … *plat(eae) praetor(iae) aram qui et genium* …). Eine dritte Geniusstatue, in einer Muschelnische aufgestellt, wurde dem Genius *platiae novi vici* geweiht und lässt sich nur grob an den Beginn des 3. Jhs. datieren (CIL XIII 7336 = HD041965).

204 Etwa die Stiftung eines Genius aus Öhringen / *vicus Aurelianus* für die ortsansässigen Veteranen und Fremden (CIL XIII 6540 = HD022922: …*[g]enium c[um] bas[i vete]ranis et per[eg]rinis*…); aus Ladenburg (*Lopodunum*) (CIL XIII 6418 = HD036397 … *Genium d(onum) d(ederunt)*); Bonfeld (CIL XIII 6482 = HD036603: *Genium c(ivitatis) Alisin(ensium)*); Köngen / *Grinario* für die Bewohner:innen der *platia Sumelocennensis* (CIL XIII 11726 = HD036827: *[Ge]nium et ar(am) vicanis Grinar(ionensibus) plati(a)e Sumeloce(nnensis)*). Weitere Inschriften, welche den Genius im Dativ nennen, zeigen die regionale Bedeutung der Verehrung dieser Schutzgottheiten bestimmter Körperschaften: CIL XIII 6417 = HD036396: *Genio c(ivitatis) U(lpiae) S(ueborum) N(icrensium)* …); CIL XIII 7371 = HD059861: *Gen[io c]olleg(ii) [fabro]r(um) tign(ariorum)* – hier wäre eine Ergänzung zu *Gen[ium]* zu erwägen; CIL XIII 6688 = HD077060 (Mainz): … *Genio collegi(i) iuventutis vici Apolline(n)sis*; CIL XIII 7424 = HD060445 (Altenstadt): … *Genio collegi(i) iuventutis*.

205 Aus Pannonia Superior etwa CIL III 4153= HD074522 (*Genium c(oloniae) [Cl(audiae)? Savariae?]*); Africa proconsularis: CIL VIII 26279 (… *Genium patriae* …) und AE 1975, 886 (*Hercules(!) Genium Saburianensium* …); aus der Baetica ein Genius des Flusses *Baetis* (CIL II 1163).

206 Hierzu Osnabrügge, im Druck.

herum entstandenen Zivilsiedlungen, der *canabae*, bezieht[207]. *Canabarius* ist bislang nur in zwei weiteren Inschriften aus Mainz und einer aus *Celemantia* bei *Brigetio* (Komárom) belegt[208]. Auf der Großen Mainzer Jupitersäule erscheinen die *canabarii* als Stiftende des Monuments, was sowohl die Bedeutung des Ortes als auch dieser Personengruppe verdeutlicht[209]. Auf einem weiteren Weihemonument aus der ersten Hälfte des 3. Jhs., das zum Wohl des *primus pilus* der 22. Legion gestiftet worden war, fungieren ebenfalls die *canabarii* als aktiv an der Aufstellung beteiligte Körperschaft[210]. Bemerkenswert ist noch eine dritte Mainzer Inschrift aus dem Jahr 255 n. Chr., welche ein ähnliches euergetisches Handlungsmuster, wie wir es bei unserer Salusinschrift beobachtet haben, aufweist: in dieser wurde die Stiftung eines unbekannten Objekts *pro salute canabensium*, vermutlich durch temporär anwesende Angehörige einer Vexillation der *legio XX Valeria Victrix*, epigraphisch festgehalten[211]. Diese Inschrift ist zugleich die letzte Erwähnung der *canabae*, gegen Ende des 3. Jhs. wurde die Zivilsiedlung von Mainz in den Rechtsstatus einer *civitas* erhoben[212]. Alle diese Inschriften bezeugen die auch im 3. Jh. n. Chr. enge Verbindung zwischen den Soldaten des Legionslagers und den ansässigen Händlern, deren wirtschaftliche und soziale Grundlagen gut erforscht sind[213] und die sich auch in solchen reziproken Weihungen und Stiftungen ausdrückte.

Ob mit den *canabenses* eine von den *canabarii* verschiedene Gruppe gemeint war, oder ob dies austauschbare Begriffe waren, muss beim gegenwärtigen Forschungsstand offen bleiben[214]. Die unterschiedliche Bezeichnung könnte jedoch ein Hinweis darauf sein, dass hiermit gar nicht die Bewohner:innen der *canabae legionis* im eigentlichen, rechtlichen Sinne gemeint sind,

207 Zur Begriffsgeschichte und – immer noch nicht ganz klaren – Bedeutung Mayer-Reppert 2005, 338; vgl. ferner von Petrikovits 1981. Der Begriff *canabenses* findet sich in Mainz auf CIL XIII 6780 = HD055439; in der näheren Umgebung etwa in *Argentorate*: CIL XIII 5967 = HD079148.

208 Brigetio: AE 1969/70, 464 = HD012031: … *Ant(onio) Gelasio canabario.*

209 CIL XIII 11806 = HD003764.

210 CIL XIII 6730 = HD055177, gestiftet von einem *actor* – wohl eine Funktionsbezeichnung im Rahmen der *canabae* oder zumindest eine wirtschaftlich den *canabarii* verbundene Person (vgl. Günther 2018, 94 f.) – und den *canabarii* (… *Trophimus / actor [e]t can/abari(i) ex / voto*); es wäre auch an eine Auflösung *canabari(us)* zu denken, was jedoch weniger wahrscheinlich ist.

211 CIL XIII 6780 = HD055439: *- - - - - - / leg(ionis) XX pro salute / canabe(nsium) ex v[o]to pos(uerunt) [- - - ]I CAN[- - - ]/TIAN[- - - ] / [- - - ]one VI Kal(endas) [- - - ] / [Vale]riano III et G[alli]/[eno II co(n)s(ulibus)].*

212 Erstmals belegt auf der tetrarchischen Inschrift CIL XIII 6727 (dazu Osnabrügge 2021); vgl. auch Heising 2012.

213 Zur Beziehung zwischen Soldaten und ihrem ‚parazivilen' Umfeld Stoll 2006, 263 f. 270; ferner Wesch-Klein 1998. Jung (2009, 46) vermutet, dass sich in den Stiftungen aus dem 3. Jh. eine stärkere Bindung der *canabae* an das Mainzer Militär infolge der severischen Heeresreformen ausdrückt, doch ist hier der in severischer Zeit ohnehin besonders stark ausgeprägte ‚epigraphic habit' in Rechnung zu stellen, was die Beobachtung einer Häufung in dieser Zeit abgesehen von der absolut geringen Zahl relativiert.

214 Denkbar ist etwa, dass die einer Vexillation der *legio XX Valeria Victrix* angehörigen Stifter von CIL XIII 6780 = HD055439, die sich ja nur kurz vor Ort aufhielten, einen ihnen geläufigeren, aber in *Mogontiacum* ungebräuchlichen Begriff verwendeten.

sondern vielmehr die am Dimesser Ort bzw. in *Mogontiacum* ansässigen Händler[215]. Denn es ist unwahrscheinlich, dass der Dimesser Ort als Teil der *canabae* von *Mogontiacum* angesehen werden kann[216]. Immerhin wird deutlich, dass sich hier ein innerhalb des urbanen Gefüges um das Legionslager und seine *canabae* bedeutsamer Ort befand, der im 3. Jh. durchaus Potential zur Repräsentation gegenüber den *canabarii* barg – sicher begünstigt durch die Präsenz der großen neronischen Jupitersäule – und als solcher auch genutzt wurde. Unsere euergetische Stiftung einer Statue der Göttin des Wohlergehens fügt sich in ein lokal und regional gut dokumentiertes Handlungsmuster lokaler Eliten, die ihren Gemeinden Stiftungen von Schutzgottheiten zum Geschenk machten. Hieran zeigt sich zudem das im gallisch-germanischen Raum häufig beobachtete Phänomen, dass – zumindest inschriftlich dokumentierter – Euergetismus sich, anders als im Mittelmeerraum, meist im religiösen Sektor abspielte[217].

(JO)

215 So kennen wir aus *Lugdunum* (Lyon) drei Inschriften, welche Händler-*canabae* erwähnen: CIL XIII 1788. 2016. 11179; auch die Bezeichnung des durch ein Gräberfeld von Argentorate getrennten Zivil-*vicus* als *vicus canabarum* (CIL XIII 6967 = HD079148) könnte darauf hindeuten; hierzu von Petrikovits 1981, 328. Bei den durch von Petrikovits hierfür ins Feld geführten Καναβάϱιοι aus Ephesos handelt es sich jedoch um Καννaβάϱιοι (AE 1929, 122 = SEG 4, 539. 541b; SEG 43, 812), also Hanfarbeiter oder -händler.

216 Hierzu Jung 2009, 39–62 mit der früheren Forschung, der sich unter anderem auf Grund des Abstands zur *groma* des Legionslagers von mehr als einer Leuge gegen eine Zugehörigkeit ausspricht, es habe sich also um einen *vicus* gehandelt (erneut bekräftigt in Jung 2013, 54; vgl. hierzu Piso 1991; Doneus u. a. 2013, 146–215); eine andere Position vertritt etwa Rupprecht 2006, 153; so auch Piso 1991, 144 f.; Heising 2007, 221 f. Abb. 62 kartiert den Dimesser Ort innerhalb der Leugengrenze und weist dementsprechend den gesamten Ort dem Gebiet der *canabae* zu. Das zwischen dem Dimesser Ort und Mogontiacum gelegene Gräberfeld ist ein deutliches Argument gegen eine Zugehörigkeit.

217 Vgl. Frézouls 1984; Witschel 2016, 140 f. Zur epigraphischen Repräsentation von Bauherren im nordöstlichen Obergermanien Waldherr 2017.

## 8. Aufstellungskontext, religiöse Praxis und urbaner Mehrwert

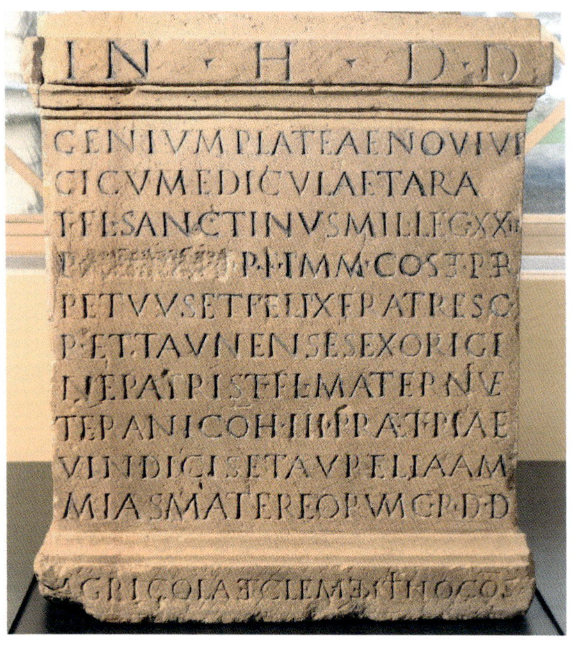


Abb. 43 Genius aus *Nida*, Inschrift. Wiesbaden, Stadtmuseum, Sammlung Nassauischer Altertümer, Inv. 341

Stiftungen oder Weihungen von Schutzgottheiten, die mit einer bestimmten Gemeinde oder einem Stadtteil assoziiert waren, wie etwa den hier besonders beliebten Genien, finden sich in Obergermanien oft an Kreuzungen oder kleinen Platzanlagen. Dort ließen sie sich gut präsentieren und erfüllten eine identitätsstiftende Funktion für die Bewohnerschaft[218]. Im Verständnis der römischen Welt gehörten Statuen zur Grundausstattung solcher Orte[219]. Einen entscheidenden Hinweis darauf, wie man sich die Präsentation der Salus im antiken Mainz vorstellen kann, liefert die Inschrift des Genius aus *Nida*[220], aus der hervorgeht, dass die Statue wohl auf einem Platz inklusive Aedikula und Altar aufgestellt wurde (Abb. 43)[221].

In h(onorem) d(omus) d(ivinae) / **Genium plateae novi vi/ci cum (a)edicula et ara** / T(itus) Fl(avius) Sanctinus mil(es) leg(ionis) XXII / P(rimigeniae) [[Alexan(drianae)]] P(iae) F(idelis) imm(unis) co(n)s(ularis) et Per/petuus et Felix fratres c(ives) / R(omani) et Taunenses ex origi/ne patris T(iti) Fl(avi) Materni ve/terani coh(ortis) III praet(oriae) Piae Vindicis et Aurelia Am/mias mater eorum c(ivis) R(omana) **d(onum) d(ederunt)** / Agricola et Clementino co(n)s(ulibus)

Vergleichbare Stiftungen, die um die Schlagworte *signum*, *ara* und *aedicula* kreisen und auf die Präsentation zugehöriger Statuen in einer Aedikulaarchitektur hindeuten, finden sich in den Nordwestprovinzen häufiger, so bspw. an einem Genius aus Niederbieber im Neuwieder Becken

218 Vgl. Gesemann 1998, der die Parallelen zum Kult der Lares compitales betont, und Spickermann 2003, 445 f. 531. Zu Genien von Körperschaften Kunckel 1974, 89; zu Platzanlagen in vici Czysz 2013, 303 f.; Meyr – Flügel 2016, 159–162; vgl. auch Tarpin 2002, 273–278; vgl. zum Folgenden ferner Osnabrügge, im Druck.

219 Willer 2014, 38.

220 s. Anm. 142.

221 Vgl. ferner aus *Carnuntum* CIL III 4153 = HD074522: *Genium c(oloniae ) [C(laudiae Savariae] cum suo tem[plo* …; aus Abdera CIL II 9180: … *Lar(es) et Genium cum aedicula* ….

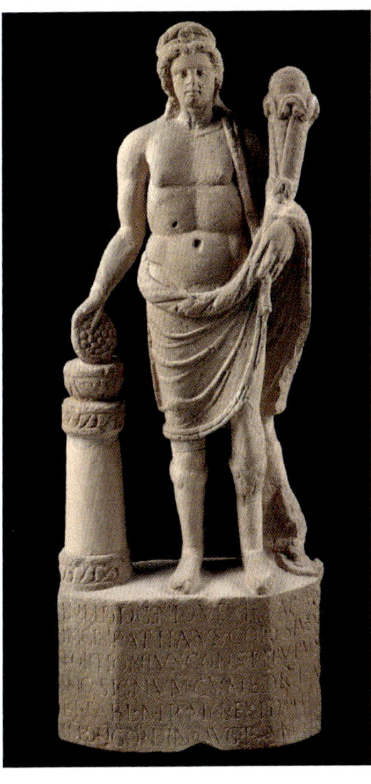

Abb. 44
Genius aus Niederbieber. Bonn, Rheinisches Landesmuseum

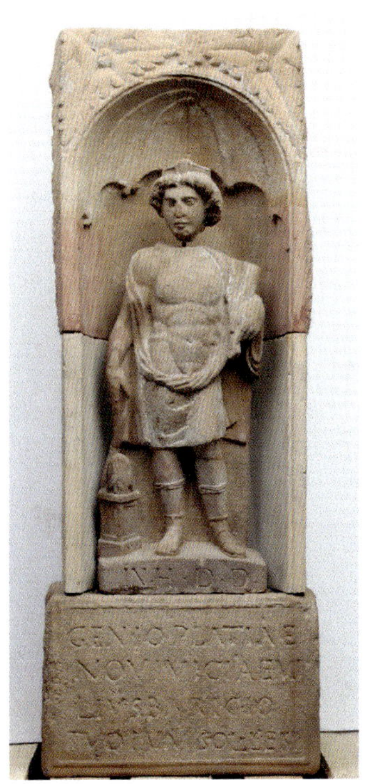

Abb. 45
Weihung für Genius loci aus *Nida*. Frankfurt a. M., Archäologisches Museum, Slg. Nass. Altertümer 336, 5479, Inv. (neu) 500655, 502751

(Abb. 44)[222]. Einige wenige der bis heute nicht systematisch zusammengestellten Bauglieder solcher Aedikulen aus den Nordwestprovinzen wurden von Peter Noelke vorgestellt und belegen die Bauten in nahezu jeder Größe[223]. Sie sind als aufwendige, dreidimensionale Versionen der sonst in Relief hinlänglich bekannten Weihreliefs zu verstehen. Ein gut erhaltenes Beispiel begrenzter Größe stammt wiederum aus *Nida* (Abb. 45)[224], ein anderes aus Straßburg-Koenigshofen (Abb. 46)[225]. Das besterhaltene Ensemble einer größeren Architektur mit Statuenweihung wurde hingegen im Frühjahr 1924 in Bad Cannstatt gefunden, jedoch vom Bauherren weitgehend zerstört. Immerhin konnten die seit Mai desselben Jahres einsetzenden Rettungsarbeiten des Denkmalamtes noch einzelne Bruchstücke einer Merkurstatue und der zugehörigen Aedikula auffinden, und einen offensichtlich einst freistehenden Bau von ca. 260 cm Höhe rekonstruieren (Abb. 47). Mit Blick auf unsere Salus mögen dabei zwei Dinge besonders relevant sein: Erstens befand sich hier auf dem Gebälk der Aedikula eine Weihinschrift an Merkur; zweitens

222 CIL 13, 07753; Stoll 1992, 418–449; Stoll 1993.
223 Noelke 1990.
224 Archäologisches Museum Frankfurt a. M., Sammlung Nassauischer Altertümer 336, 5479 = Inv. (neu) 500655, 502751: CILXIII 07336; Kunckel 1974, Nr. CI,124; Meier-Arendt 1983, Nr. 17; AE 1998, 996; Kohlert-Németh 2001, 245; Kakoschke 2005, 139–153.
225 Espérandieu VII (1918), Nr. Nr. 5538.

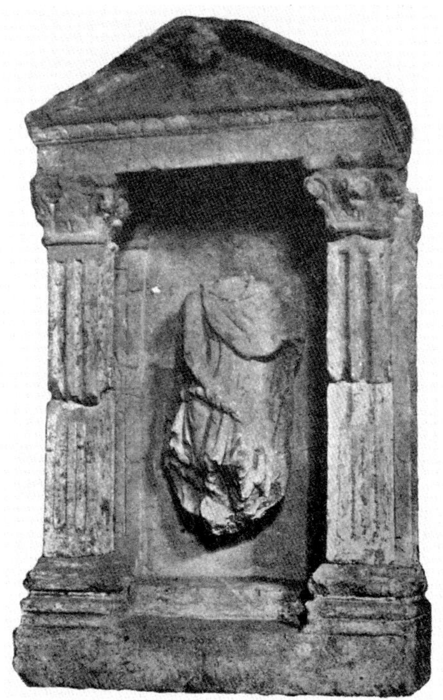

Abb. 46 Straßburg-Koenigshofen, Votiv-Aedikula für Mithras. Strasburg, Musée Archéologique, Inv. 22615

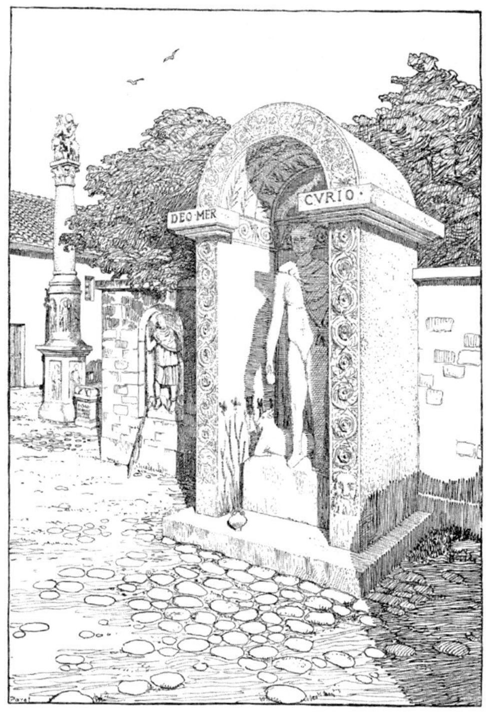


Abb. 47 Merkurheiligtum Bad Cannstatt, Zeichnung von Oskar Paret

waren nicht nur die reliefierten Teile des Baus bemalt, sondern auch die glatten Innenwände wiesen noch Überreste ihrer einstigen Bemalung mit floralen Elementen auf, was wohl auch für den Kontext der Salus in Erwägung zu ziehen ist[226]. Diese Aedikulen konnten aber auch größere Dimensionen erlangen und die Form einer Kapelle, *sacellum*, erhalten. Fundamente solcher Bauten sind in Heiligtümern, etwa in Trier und Kempten angetroffen worden[227], säumten anscheinend aber auch die Straßen und Plätze der Siedlungen. Für Mainz wäre hier noch ein Genius des Jahres 215 n. Chr. zu nennen, der auf der *platea post portam praetoriam*, also an der Straße hinter dem Haupttor des Legionslagers stand[228]. Kleine Räume mit zur Salus tendenziell passenden Fundamenten wurden auch am Zollhafen am Ausgang der sich zum Platz öffnenden Straße angetroffen (Abb. 2), doch bleibt eine Verknüpfung der Fundamente mit der Salusstatue oder auch dem Neptun (Anhang 1) freilich hypothetisch.

226 Paret 1925. Die darin enthaltene Rekonstruktionszeichnung vermittelt eine Vorstellung davon, wie das Merkurheiligtum in Bad Cannstatt ausgesehen haben könnte (Paret 1925, 10 Abb. 14).

227 Gose 1972, 261–277 Abb. V. W (Trier); Weber 1985, 226-229 Abb. 183–185 (Kempten).

228 CIL XIII 6690 : *Genium legionis*; CIL XIII 7261: *Genium pla(teae) p(ost?) p(ortam?) pr(aetoriam?)*.

Solche Statuen, die wir uns vermutlich vielerorts im antiken Mainz vorstellen müssen, sind als Ausdruck religiösen Handelns zu verstehen. Die Gottheiten waren nach antiken Vorstellungen in ihren bildlichen Darstellungen potentiell präsent und wirkmächtig; eine göttliche Evidenz, die besonders im Rahmen ritueller Handlungen erfahrbar werden konnte[229]. Gleichzeitig dürfte das Stiftungswesen zu einer ästhetischen Aufwertung des städtischen Raums und einem gesteigerten urbanen Selbstbewusstsein seiner Bewohner:innen geführt haben[230]. Dabei ist auffällig, dass die genannten Stiftungen, die sich genauer datieren lassen, alle aus der ersten Hälfte des 3. Jhs. stammen und sich gerade in der spätseverischen Zeit verdichten[231]. Dies war in Obergermanien eine Zeit, in der Inschriften und Steinskulptur in großer Zahl produziert und aufgestellt wurden. Dahinter steht eine auch an anderen Denkmalgattungen ablesbare wirtschaftliche Blüte besonders der limesnahen obergermanischen Städte, die im Lauf des 2. Jhs. einsetzte[232] und in severischer Zeit u. a. durch massive Solderhöhungen[233] sowie evtl. die kaiserliche Präsenz vor Ort und die damit verbundenen Investitionen in die militärisch genutzte Infrastruktur (Straßen und Militärlager)[234] weiter begünstigt wurde und auch mehr Zeugnisse des Kaiserkults zu Tage brachten[235]. Unter diesen Bedingungen etablierte sich der Trend, den Schutzgottheiten der eigenen Stadt oder des eigenen Stadtviertels – selbst so kleiner *vici* bzw. Stadtteile wie dem Dimesser Ort – eine Statue zu stiften, ohne dass sich im Einzelnen konkrete Gründe oder Anlässe hierfür nennen lassen. So ist auch die Wahl der spezifischen Gottheit Salus sicher als weitere Botschaft zu verstehen; wie die ubiquitären Genien oder der Bonus Eventus war ja auch die – zu dieser Zeit bereits lange mit der griechischen Hygieia amalgamierte – Salus mit dem Wohlergehen der Öffentlichkeit und des Staates assoziiert[236]. Nur im Rückblick erscheint das Jahr 231 als ein erstes Wendejahr, in dem Alexander Severus gezwungen war, zahlreiche Truppen (und damit auch Arbeits- und Kaufkraft) aus dem Rheingebiet in den Osten abzuziehen, was zu vermehrten Alemanneneinfallen und einem latenten Rückgang der regionalen Wirtschaftskraft in den folgenden Jahren führen sollte[237].

(JO – JL)

229 Klöckner 2019 sowie grundsätzlich Scheer 2000 zu griechischen Götterbildern.

230 Vgl. hierzu die Beiträge in Busch u. a. 2017.

231 Vgl. allgemein die statistischen Auswertungen von Weihdenkmälern in Mainz bei Frenz 1992b, 27–56 und Matejivić 2022, 129 f.

232 Gairhos 2008, 146–151; Witschel 2011, 26 Anm. 16. 17; Heising 2013.

233 Jahn 1984, 66; Heising 2013, 60–64.

234 Zu Straßenbau und Meilensteinen: Heising 2013, 55 f.

235 Heising 2013, 67.

236 Zu Salus und ihrem Kult Marwood 1988; Winkler 1995.

237 Vgl. Heising 2013; Witschel 2020. s. bspw. das wohl 234 n. Chr. verlegte Oceanus-Mosaik in der Villa von Bad Kreuznach: Rabold 1995; Hornung 2011.

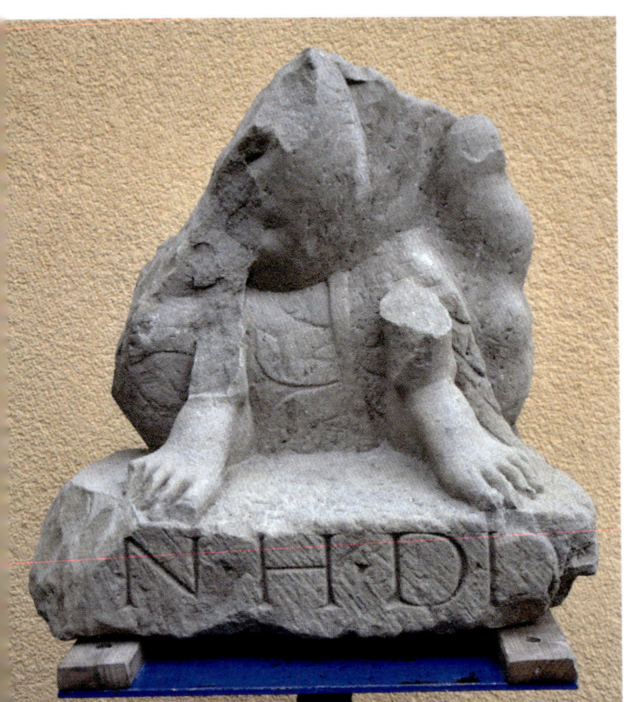


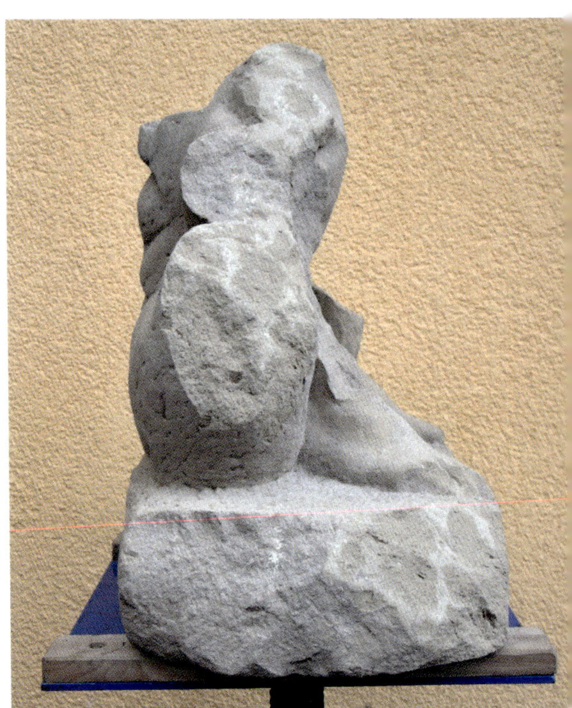

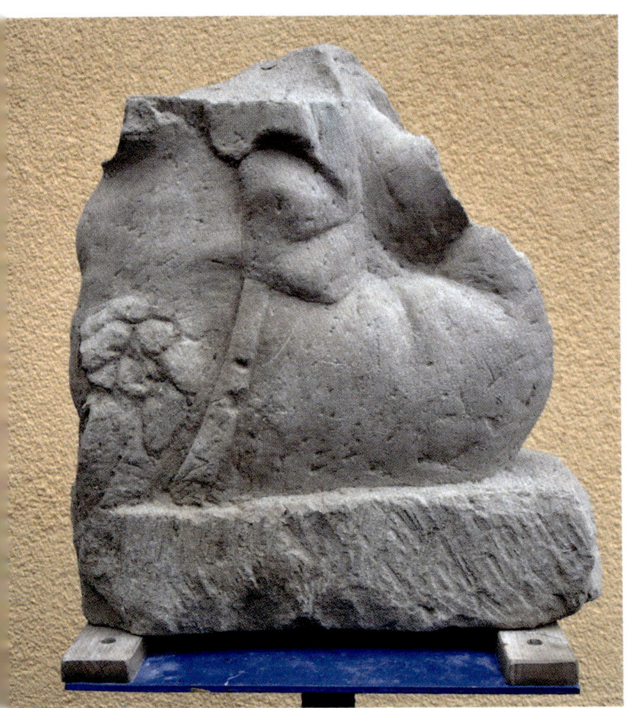

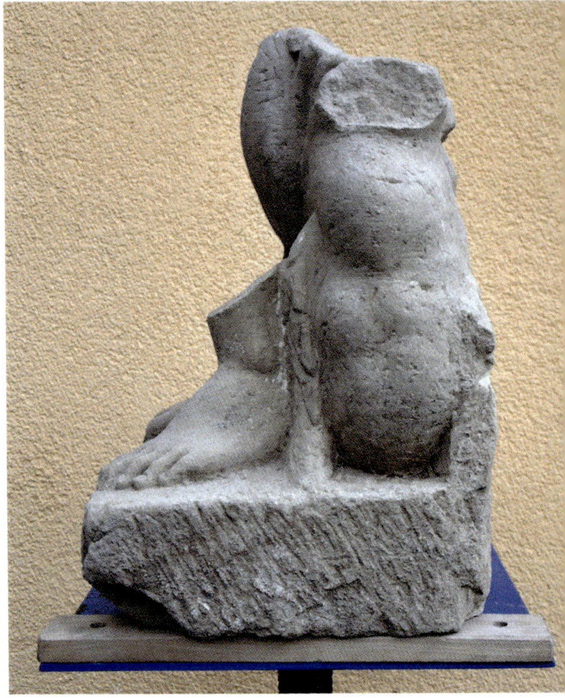

Abb. 48–51 Fragment einer Neptunstatue aus Mainz

## Anhang 1: Fragment einer Neptunstatue (Abb. 48–51)

Bei der nebst der Salus gefundenen Neptunstatue ist die Plinthe noch zu großen Teilen erhalten; sie muss die von ihr getragenen Skulpturen zu etwa einem Drittel ihrer einstigen Gesamthöhe bewahrt haben[238]. Der queroblonge Sockel weist Beschädigungen an seiner Unterkante sowie links an den Ecken von Haupt- und Rückseite auf. Ein großer unregelmäßiger Bruch, sichtlich durch schwere Schläge verursacht, betrifft die rechte Seite des Sockels. Ihm fiel auch der erste Buchstabe der frontalen Inschrift weitgehend zum Opfer.

Der Bruch setzt sich rechts nach oben fort, unterbrochen nur von einem keilförmigen Einzug auf der Plinthe, und reduziert in diagonalem Anstieg das Volumen aller drei Lagen des Fischleibs. Er gipfelt in der Mittelachse des Bildwerks, fällt zur anderen Seite wiederum schräg, aber flacher ab und durchtrennt schließlich den Halsansatz des Meerwesens, so dass dessen Kopf vollständig verloren ging.

Von der stehenden Figur blieben auf der vorderen Hälfte der Plinthe lediglich der linke Fuß mit dem Ansatz des Unterschenkels und der rechte Fuß bis in Knöchelhöhe erhalten. Beide Zehen sind beschädigt, dabei die des rechten Fußes in stärkerem Maße, da sie von dem großen Bruch der Plinthe mit erfasst wurden. Oberhalb des Knöchels folgt am rechten Fuß eine bandförmige, aufwärts etwas breiter werdende Bruchfläche, die am Fischleib haftet. Eine weitere Bruchfläche findet sich im obersten Bereich des Fischleibs; sie knickt zur Rückseite kantig um und mündet dort in eine größere, horizontal unterfangene Abplatzung. Irritierend beschädigt ist an der Rückseite eine Stelle zwischen dem Mantelzipfel und dem Band, das den Fischkörper umspannt; die Glätte der leichten Mulde innerhalb der gewölbten Partie könnte als antiker Bestand missverstanden werden.

Ungeachtet diverser Bestoßungen und Verletzungen darf der Zustand der antiken Oberflächen als gut bezeichnet werden. Sinter und Korrosion halten sich in Grenzen. Zum guten Zustandsbild trägt auch eine sorgfältige Reinigung bei. Eine weiße Füllung im Knick zwischen dem linken Fuß und der rechten Vorderflosse ist wahrscheinlich als antike Grundierung für den ehemaligen Farbauftrag zu identifizieren.

Die Front der Plinthe ist mit diagonalen Kerben eines schmalen Flacheisens ornamental geglättet. Die Gestaltung setzt sich in gröberer Form an der linken Nebenseite und der Rückseite fort. Dabei erfolgt hinten mittig ein Richtungswechsel der Diagonalen. Für die zerstörte rechte Seite darf gleichermaßen eine ursprüngliche Verzierung mit schräg eingezogenen Linien und Streifen vorausgesetzt werden.

238 Landesarchäologie Mainz; Fundmeldenummer FM 20-30, 096-006 Maße des Erhaltenen: H ges. 60,5; H Plinthe 12–14,5; B 60; T 40 cm. Die Statue ist wohl aus demselben Sandstein gearbeitet wie die Statue der Salus (s. Anhang 2).

Das ‚Bild' der Vorderseite wird von einer Inschrift dominiert. Sie besteht aus einer Reihung von Buchstaben, die fast die gesamte Breite und Höhe der Fläche für sich beanspruchen. Ihre verschatteten, von klarem Duktus bestimmten Einschnitte kontrastieren effektvoll mit dem kleinteilig-unruhigen Flächendekor.

Die Oberseite der Plinthe ist durch die skulpturale Gestaltung in zwei gleich tiefe Abschnitte gestaffelt. Nur der vordere, mit einzelnen Spitzungen belebte Bereich präsentiert Boden und dient zwei nackten Füßen als Standfläche in strengem Wortsinn. Bis an die vordere Kante reichend, sind die Füße etwa gleichmäßig um die Mitte verteilt. Sie stehen auseinander und wenden sich nach außen, der linke noch etwas mehr als der andere. Dass er zugleich seine Ferse anhebt, kommt kaum zur Geltung, weil sich unter ihm der Boden unauffällig aufwölbt und die Lücke zu seiner Sohle schließt. Beiden Füßen eignet eine gleichsam modellierte Formgebung, die zu Lasten einer Differenzierung geht. Sorgfältig sind – soweit noch zu beurteilen – die Zehen ausgearbeitet; auch sind die Knöchel hervorgehoben. Mit der insgesamt jedoch akzentarmen Gestaltung kontrastiert eine minuziöse Glättung der Oberfläche. Dem Bildhauer war offenkundig mehr daran gelegen, eine ‚ideale' Form der Füße wiederzugeben als der Anatomie Rechnung zu tragen.

Die Beine werden bildparallel vom Leib des Meerwesens hinterfangen. Er liegt gestreckt auf der Oberfläche der Plinthe auf. Sein beachtliches Volumen und seine einheitliche Wölbung verleihen ihm eine kompakte, statische Erscheinung. Der gezielte Kontrast zu den Füßen der männlichen Figur ist evident: Masse statt Feingliedrigkeit, stumpfe statt gleitender Oberfläche. Eine bedingte Belebung erfährt der Fischleib durch ein Schuppenmuster, das sich von links, vom Vorderteil des Meerwesens her, bis zum Bruch der rechten Seite verfolgen lässt. Die Schuppen bestehen aus nebeneinander angeordneten oder sich etwas überlagernden, liegenden Bögen, die jeweils von zwei Parallelen ausgehen und einen halbkreisförmigen Umriss aufweisen. Sie sind messbar nur wenig vom Fischleib abgehoben, doch scharf konturiert. In den Grund der Bogenfelder sind kleine spitze Dreiecke eingetragen. Die Schuppen unterscheiden sich durch Form und Binnenmotiv von den gewöhnlich schlichten ‚Schuppen' – an sich Lorbeerblättern – der Säulenmonumente[239].

Während die Unterseite des Fischkörpers dem Boden verhaftet bleibt, steigt die Oberseite zu seiner Front hin in weichem Umriss an. Kurz vor dem linken Fuß überquert ihn vertikal ein glattes streifenförmiges Band, das die Rundung des Leibes konsequent nachzeichnet. Anschaulich wird, dass es den gesamten Körper fest umzieht. Hinter dem linken Fuß tritt eine Flosse hervor. Sie setzt in einem Winkel unmittelbar an diesem an. In der Vorderansicht der Skulptur erscheinen die Umrisse des Fußes und der Flosse harmonisch aufeinander abgestimmt. Analog

239 Zu letzteren vgl. Noelke 2021, 353 mit Abb. 1. Außergewöhnlich sind die als Eichenblätter gestalteten und mit Eicheln kombinierten Blätter einer Jupitersäule von Hausen an der Zaber: Klumbach 1973, 15 Nr. 4 Taf. 10. 11.

den Füßen schiebt sich die Flosse bis an den Rand der Plinthe vor. Ihr Volumen addiert sich aus übereinander geschichteten „Lanzettblättern“ mit abwärts gerichteten Spitzen. Eine zweite Flosse, das notwendige Pendant auf der anderen Seite des Seewesens, setzt tiefer an. Beide Flossen zusammen rahmen den Bauch-Brustbereich des Tieres und ‚halten‘ seinen Körper, als wären sie Beine oder zumindest Füße, wie es von einigen Fischarten bekannt ist[240].

Der Brustkorb steigt nach knapper Rundung am Boden steil auf. Rippenbogen und Brustmuskeln treten als geblähte, miteinander verschmolzene Einheiten in Erscheinung. Sie zeigen keine plastische oder graphische Binnengliederung. Ihre Mittelachse verschiebt sich aufwärts leicht nach rechts. Die axiale Abweichung wird vom Hals aufgenommen, aber nicht verstärkt. Den Ansatz des Halses kennzeichnet eine Mulde; über ihr drängt sich der Hals energisch nach vorne, um dann wieder zurückzuschwingen und oben, im Bruchrand noch zu erkennen, erneut nach vorne vorzustoßen. Es stellt sich die Assoziation an einen Schlangenkörper ein. Der Kopf schloss wohl unmittelbar an.

Auf der gegenüberliegenden rechten Seite des Bildwerks löst sich der Fischleib winkelig vom Boden. In der anschließenden, heute fehlenden Partie war er halbkreisförmig aufwärts und so in die Gegenrichtung gebogen. Seine Fortsetzung lagert, ehemals von dem rechten Bein des Mannes überschnitten, auf dem unteren Teil des Leibes auf. Das Schuppenmuster wird nicht wiederholt[241]; einige verteilte Kerben könnten antik und als Kennzeichnung der Haut gemeint sein[242]. Schmiegsamer gebildet als die untere Partie, ist neben dem einstigen Bein des Mannes auch eine kleine Falte eingezogen[243]. In der Mittelachse des Bildwerks biegt sich der Fischleib wiederum auf, wird deutlich schlanker und bewegt sich schräg aufwärts zum einstigen Schwanzende hin. Vom Boden bis hier gewinnt der Fischleib stufenweise an Dynamik: vom schweren Aufliegen unten über eine Biegsamkeit in der zweiten ‚Ebene‘ zur Aktivität in der dritten. Dabei ist diese Entwicklung für den Betrachtenden abschnittweise nachvollziehbar, indem die Beine nach außen wie innen den Blick auf die entscheidenden Stufen der Bewegungsentwicklung freigeben.

240 z. B. vom Schlammspringer.

241 Das Phänomen, dass die Schuppung eines Meerwesens sich nur im vorderen Bereich des Körpers befindet und unversehens abbricht, ist öfter zu beobachten. Bei der Trierer Applik (s. unten, Abb. 54) werden die Bereiche mit und ohne Schuppung durch die Seitenflossen getrennt.

242 Vgl. z. B. die – dichter gesetzten – „Geißelungen“ am Unterleib eines Giganten von einer Jupitersäule in Hausen an der Zaber: Klumbach 1973, Taf. 15,2. 16,2.

243 Die weiche Oberfläche und die Falte ähneln einem Bauch samt Nabel und könnten Assoziationen an eine auf dem Ketos liegende Nymphe oder Nereide wecken, vgl. eine auf einem Fels(?) lagernde Nymphe in Trier, Rheinisches Landesmuseum, Inv. G. 37b: K. Goethert-Polaschek, in: Binsfeld u. a. 1988, 141 f. Nr. 294 Taf. 69 mit Erläuterung der Ikonographie. Zu denken wäre auch an die Nereiden der sog. Domitius Ara. Die Möglichkeit scheidet aber aus, allein schon, weil der Kopf, der auf dem schlanken ‚Oberkörper‘ gesessen hätte, komplett verdeckt gewesen wäre. Ferner hätten das Endstück des nun nicht mehr umgebogenen Fischleibs und die Beine der jungen Frau seitlich über das Ende der Plinthe entschieden hinausgeragt, was von vornherein auszuschließen ist.

Die Rückseite der Skulptur bleibt, was die Qualität und Motivik betrifft, in einigen Punkten hinter der Front zurück. So fehlt der linken Brustflosse die Binnengliederung ihres Gegenstücks, und eine Gruppe von blattartigen kleinen Schuppen am Ansatz der Flosse ist nur summarisch gestaltet. Die großen Schuppen an der Vorderseite des Fischleibs finden keine Entsprechung. An ihre Stelle tritt hinten eine durchgehende Modellierung mit abschließender Glättung. Einzelne dünne Kerben und Punktreihen sind über die Haut verstreut. Der insgesamt dennoch hohe Grad der Ausarbeitung wirft die Frage auf, ob die Rückseite, anders als im Fall der Salus-Statue, nicht auch als eine Nebenansicht konzipiert war. Und fast scheint es, als seien Vorder- und Rückseite von verschiedenen Künstlern gestaltet.

Die Aufbiegung des Fischleibs kurz vor dem rechten Plinthenrand lässt sich erhaltungsbedingt noch etwas besser als an der Vorderseite nachvollziehen. Zudem trennt eine Linie, die wie eine in das weiche Fleisch eingetiefte Falte erscheint, den unteren Teil des Fischleibs von der aufliegenden Partie. Schwierigkeiten bereitet die linke Hälfte der Rückseite. Das vorne annähernd vertikal aufsteigende Band kehrt mit nunmehr schrägem, leicht gebogenem Verlauf wieder und wird aufwärts von der vortretenden, gebuckelten Bildung verdeckt, die wegen ihrer Beschädigung gegenständlich schwer zu fassen ist. Ihre Kontur scheint zunächst den Verlauf des Bandes aufzunehmen, als sei ein Stück Stoff über das Band gelegt und zugleich unter ihm durchgezogen. Diese Mutmaßung findet im Kontext der Stelle keine Bestätigung. Vielmehr ist an der Beobachtung anzusetzen, dass oben, von der horizontalen Bruchkante abwärts zu verfolgen, eine stoffartige Gestaltung weit hervortritt und mit welligem Umriss und wechselndem Höhenwert einen Saum markiert; dieser schwingt kurz nach rechts, schlägt dann mit abfallender Diagonale in die Gegenrichtung um. Sein weiterer Verlauf kann nicht mehr verfolgt werden. Der mutmaßlich in einer Zick-Zack-Falte auslaufende Stoff war offensichtlich das Zipfelende des vom Mann getragenen und im Rücken herabhängenden Mantels.

Die Inschrift befindet sich, wie erwähnt, auf der Vorderseite des aus einem Stück mit der Statue gearbeiteten Sockels (Abb. 48). Die regelmäßig konstruierten, sorgfältig und tief eingehauenen Buchstaben weisen eine Höhe von 7,2 cm auf.

IN H D D

\- - - - - -

Auflösung: *In h(onorem) d(omus) d(ivinae) / - - - - - - ?*

Erhalten ist nur noch die einleitende Loyalitätsformel, übersetzt: „Zu Ehren des göttlichen (Kaiser)Hauses“, die seit der Mitte des zweiten Jahrhunderts in Obergermanien zunehmend häufig ist[244]. Eine Fortsetzung der Inschrift ist nicht erhalten, zu erwarten wäre in dem Fall

244 Zu dieser Formel, die keine direkte rituelle Verehrung des Kaiserhauses, sondern eher einen fast schon routinemäßigen Loyalitätserweis darstellt, Liertz 1998, 158; Spickermann 2003, 9 f.

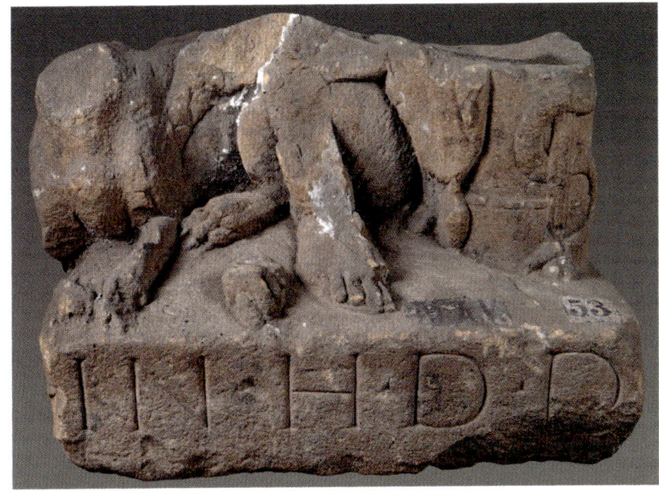


Abb. 52
Weihrelief aus Mannheim-Neckarau. Mannheim, Reiss-Engelhorn-Museen, Lipps u. a. 2021a, Kat. 104

noch die Weihung an eine Gottheit oder die Erwähnung einer Stiftung, wie auf unserer ersten Inschrift, sowie die Angabe der für die Aufstellung verantwortlichen Personen. Frappierend sind jedenfalls die Ähnlichkeiten in Positionierung und Gestaltung der Inschrift zu einer ebenfalls auf dem Sockel einer Statue stehenden Inschrift aus Mannheim, die auch nur aus dieser Einleitungsformel besteht (Abb. 52)[245].

Ob auf einem verlorenen Teil des Monuments eine Fortsetzung der Inschrift stand, von der sich nur die Loyalitätsformel erhalten hat, ist unsicher. Zwar hat *in honorem domus divinae* häufig den Charakter einer lediglich einleitenden Formel, welche den Rest der Inschrift und des gestifteten Monuments in die Klammer des Loyalitätserweises an das Kaiserhaus setzt. Doch existieren einige Beispiele, in der kein weiterer Text folgte, das ganze gestiftete Monument also als Loyalitätsbekundung diente[246]. Eine Parallele aus *Nida*, bei der diese Einleitungsformel ebenfalls auf dem Sockel einer Statue platziert ist, weist jedoch auch noch auf eine andere Möglichkeit: Diese Statue befindet sich in einer Nische, die auf einem Block gelagert ist, der Rest der Inschrift stand auf diesem Block[247]. Eine sichere Datierung ist hieraus nicht abzuleiten, aufgrund der Inschrift lässt sich lediglich eine grobe Datierung in die zweite Hälfte des zweiten oder in das dritte Jahrhundert vornehmen.

245 Mannheim, Reiss-Engelhorn-Museen, ohne Inv.: J. Griesbach – J. Osnabrügge, in: Lipps u. a. 2021a, 521 f. Kat. 104; CIL XIII 6414 = HD036542.

246 Dies scheint etwa der Fall zu sein auf CIL XIII 6788a = HD055475 sowie möglicherweise CIL XIII 6545 = HD054438 und CIL XIII 11704 = HD076025. Auch der Hauptsockel einer Jupitersäule aus Mainz-Kastel, CIL XIII 7274 = HD036583, enthält nur diese Formel; denkbar ist jedoch, dass eine Fortsetzung der Inschrift auf einem assoziierten Altar stand.

247 Abb. 45, CIL XIII 7337 = HD058740.

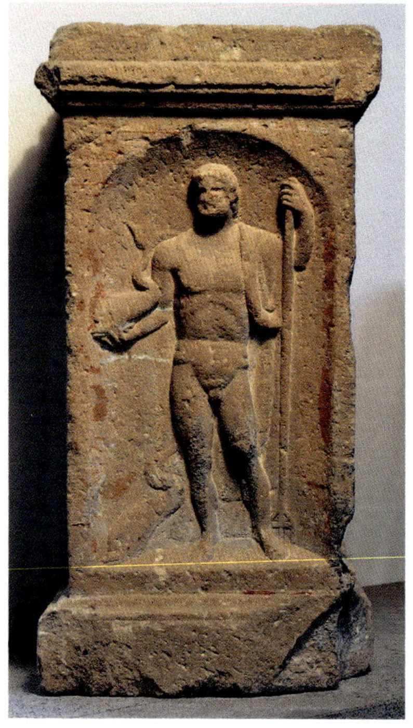

Abb. 53 Neptun-Relief eines Viergöttersteins gefunden am Gautor in Mainz. Landesmuseum Mainz, Inv. S 659

Der Sockel scheint an seiner rechten Seite nur unwesentlich breiter gewesen zu sein, als er in seiner beschädigten Form noch vorliegt. Dies deutet sich auch mit der Inschrift an, die sichtlich die Breite des Sockels nutzt.

Die Stellung der nackten Füße zeugt von einer männlichen Darstellung. Der Verlauf des rechten Beins ist durch seinen rückwärtigen Bruch gesichert. Es wuchs demnach gestreckt und ohne Winkelung, nur leicht nach innen geneigt auf. Das Knie des anderen Beins trat dagegen vor, wie aus der Anhebung des linken Fußes und dem Ansatz des Unterschenkels folgt. Dem entlasteten linken Bein wird eine mehr oder weniger ausgeprägte Ponderation im Beckenbereich entsprochen haben[248]. Ansonsten gibt es keinen Hinweis auf eine Bewegung in der Figur, so dass von einem ruhig stehenden, frontal ausgerichteten Körper auszugehen ist. Auch hinten fehlt jede Andeutung einer Drehung, Biegung oder Wendung.

Der Dargestellte war mutmaßlich weitgehend unbekleidet; zumindest trug er keine über die Knie herab reichende Kleidung. Der Zipfel hinten verweist auf einen Mantel, der im Bausch auf der Schulter auflag oder an der Vorderseite ein Stück weit herab reichte, dessen Masse auf jeden Fall aber hinten am Körper herabhing. Zudem könnte eine rückwärtige Mantelbahn wie beim Neptun der großen Mainzer Jupitersäule zum rechten Unterarm geführt haben (vgl. Abb. 53)[249]. Ferner wäre eine Drapierung in Art eines Paludamentums denkbar. In diesem Fall stände an sich zu erwarten, dass das Ende des Mäntelchens über den linken Unterarm gelegt und somit nach außen verlagert gewesen wäre. Im Rahmen der regionalen Kunst kommt aber ebenso ein Schultermäntelchen ohne Einbeziehung des Arms in Betracht (Abb. 54)[250].

248 Regelhaft wird sich die Hüfte über dem entlasteten Bein etwas gesenkt haben. Ein seltenes Gegenbeispiel bildet die Figur eines Apollo in einem Hochrelief aus Niederaltdorf; Trier, Rheinisches Landesmuseum, Inv. 03,635: K. Goethert-Polaschek, in: Binsfeld u. a. 1988, 9 Nr. 14 Taf. 5.

249 Gefunden am Gautor; Landesmuseum Mainz, Inv. S 659: Riemer 2022, Taf. 12.

250 Relief aus Ettlingen mit stehendem Neptun, in der rechten Hand einen Fisch haltend, in der Linken einst einen Dreizack. Die Darstellung bildet ein Seitenteil zu einer Inschriftenplatte. Ein verlorenes Relieffeld auf der Gegenseite mit einer Nymphendarstellung komplettierte das Denkmal zu einem „Triptychon"; Eigentum des Badischen Landesmuseum, ausgestellt im Archäologischen Landesmuseum Konstanz, Inv. C 47: CIL XIII 6324 = HD036864; Espérandieu X,2 (1931), Nr. 452; Schmidts 2011, 41 Abb. 25; 144 Nr. 63. Typologisch gehört das Monument mit einer Weihung in Trier zusammen: Rheinisches Landesmuseum, Inv. G 101. Dort flankieren Diana und Mars das Inschriftenfeld: L. Schwinden, in: Binsfeld u. a. 1988, 37 f. Nr. 56 Taf. 15. Zum Reliefteil mit Diana s. auch Dorka Moreno 2021, 134 Abb. 11.

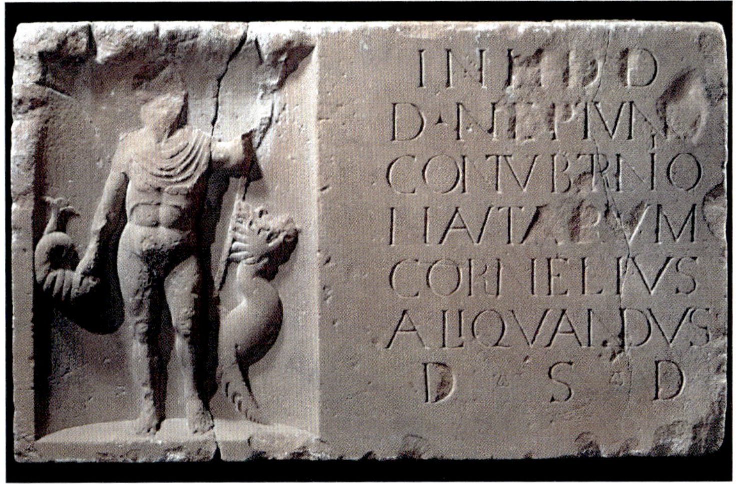


Abb. 54
Neptun-Relief von einem Contubernium nautarum aus Ettlingen. Konstanz, Archäologisches Landesmuseum, Inv. C 47

Der Kopf des Seewesens wies streng zur Seite – von ihm aus gesehen somit geradeaus. Dem Betrachtenden bot er sich im Profil, obwohl sich die Brustmuskeln und der Hals axial ein wenig zur Schauseite hin verlagern. Der Bruch im Ansatz des Kopfes kennt aber keine Asymmetrien. Es ergibt sich insgesamt ein reliefmäßiges Bild, das die Trennung in zwei Ebenen konsequenter vollzieht als manch andere, zwischen Freiplastik und Hochrelief changierende Arbeit, bei der sich das im Rücken postierte Begleittier an der Seite dem Betrachtenden zuwendet (Abb. 52)[251]. Der Verzicht auf eine solche Wendung ermöglicht jedenfalls auch einen gleichwertigen Anblick des Kopfes von vorne wie von hinten – ein weiteres Indiz für die Vermutung, dass die Rückseite als eine Nebenansicht gedacht war.

Die Schwanzflossen des Meerwesens werden hinter dem rechten Oberschenkel des Mannes an der Seite deutlich hervorgetreten sein; wie weit sie reichten, lässt sich aus dem Bestand nicht verbindlich ableiten. Vermutlich setzten sie kurz nach dem Bruch des Schwanzrestes an, da dessen Volumen bereits auffällig reduziert ist[252].

Das Verständnis der Rückseite wirft, wie schon angedeutet, Probleme auf. Zum einen ist zwar die Existenz des Mantelzipfels kaum in Abrede zu stellen, zum anderen verschneidet und überlagert sich sein geringer Rest mit anderen Motiven, so dass eine Zuordnung des einen oder anderen Details zum jeweiligen Darstellungsgegenstand schwerfällt. Die Beschädigung trägt

251 Dabei gibt es verschiedene Spielarten: In dem fragmentierten Hochrelief des Apoll in Trier (s. Anm. 248) ist der Greif diagonal eingesetzt. Bei der fragmentierten Weihung an Apoll in Mannheim, hier Abb. 52, ist kaum zu entscheiden, ob sie sich als Relief oder Freiplastik klassifizieren lässt. Der Hinterleib des Greifs liegt bildparallel hinter der Figur des Apoll, sein Vorderteil ist fast in die Front gebogen: J. Griesbach in: Lipps u. a. 2021a, 519–521 Kat. 104.

252 Das Motiv des doppelt aufwärts gewundenen Fischleibs findet sich häufiger bei Reliefdarstellungen von Delphinen, vgl. auch hier Abb. 55. Ein eindrucksvolles Beispiel ist an einem Altarfragment in Salzburg-Morzg erhalten: Heger 1975, 43 Nr. 78 Taf. 36.

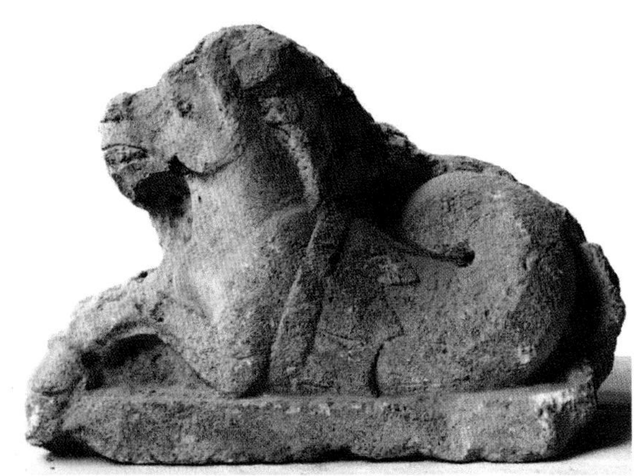

Abb. 55 Hippokamp, Relieffragment aus Mainz (verschollen)

ein Übriges zur Schwierigkeit der Lesung bei. Auf jeden Fall muss die Bahn, die vorne vom Oberkörper des Meerwesens ausgeht und doch wohl unterhalb des Bandes wie auch des Zipfels durchläuft, als Element der Komposition ernst genommen werden. Den Ansatz eines steil aufgerichteten Flügels, wie ihn ein Greif an einer Apollostatue in Trier zeigt, wird man hier nicht erkennen dürfen[253]. Eher wäre zu überlegen, dass es sich um eine große Flosse handelte. Für diese Lösung könnte ein (verlorener) Mainzer Hippokamp als Analogie herhalten. Er besitzt eine seitliche, stark abstrahierte Flossengruppe, über die sich in entsprechender Weise ein schmales formgleiches Band spannt (Abb. 55)[254]. Die Identifizierung dieses manschettenartig gestalteten Motivs wird durch andere Darstellungen des Meerwesens mit differenzierterer Wiedergabe der Brustflossen gewährleistet, vgl. eine bronzene Applik in Trier (Abb. 56)[255].

Die erschlossene Wiedergabe des Mannes ist zu unspezifisch, um von ihr aus auf eine Benennung zu schließen. Breiter Stand, ein zumindest teilweise nackter frontaler Körper, ein Mantel vielleicht mit Schulterbausch sind konventionell. Die Rolle der thematischen Signifikanz fällt ganz dem Attributtier zu. Die Wucht seines Körpers, die Flossen und die Schuppen lassen keinen Zweifel, dass es sich um ein Meerwesen handelt, was, für sich genommen, auch noch keine Spezifizierung zulässt. Den Ausschlag geben die Brustflossen. Für die große Zahl von Meer(misch)wesen sind Raubtiertatzen typisch; sie finden sich mehrfach auch bei Darstellungen des Ketos. Flossen statt Tatzen kommen hingegen nur bei ihm vor (vgl. Abb. 54. 56)[256]. Und als Attributtier ist das Ketos mehrfach bei Neptundarstellungen nachweisbar[257].

253 Aus Hochscheid; Trier, Rheinisches Landesmuseum, Inv. 39,150: K. Goethert-Polaschek, in: Binsfeld u. a. 1988, 8 f. Nr. 13 Taf. 4. – Auszuschließen ist ein schräg ansteigender Flügel wie bei den Meerwesen eines Frieses in Projern/Sankt Veit an der Glaan (Kärnten): lupa.at/2410.

254 Frenz 1992b, 151 Nr.170 Taf. 125. Malerei wird die Struktur der Flossen kenntlich gemacht haben.

255 Fundort unbekannt; Trier, Rheinisches Landesmuseum, Inv. 200: Menzel 1966, 61 Nr. 133 Taf. 52. Am selben Ort (Inv. 201) auch ein spiegelbildliches Pendant: Menzel 1966, 62 Nr. 138 Taf. 52; Horn 1974, 272 Abb. 30.

256 Beispiele: Schauenburg 1981, 626–641 I 15. 19. 38. 55. 152; Oakley 1997, 386–388; Boardman 1997, 733–735 Nr. 29–31. 34. 35. 39. 50; Boardman 1987, Taf. 22,3. 4; 23,5.

257 Klöckner 1997, 88 f. 261 GS 1 Abb. 53; 251 f. IS 2; Boardman 1997, 733; Moltesen 2000, 119; Moltesen u. a. 2002, 363 Nr. 126. Ein Ketos anscheinend auch zu Füßen des Neptun auf einem Viergötterstein aus Großeicholzheim; Karlsruhe, Badisches Landesmuseum, Inv. C 3499: Espérandieu X,2 (1931), Nr. 371; Bauchhenß 1981, 140 Taf. 22,4. Poseidon/Neptun in szenischen Bildern mit Ketos: Horn 1974, 212 f. mit Anm. 87.

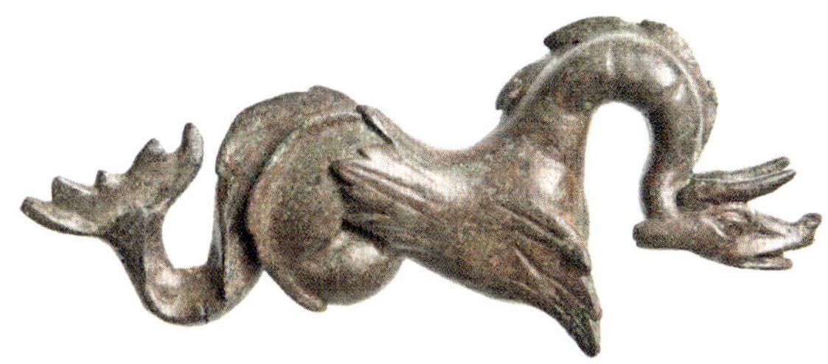

Abb. 56 Ketos als Bronzeapplik. Trier, Rheinisches Landesmuseum, Inv. 200

Neptun stand in Obergermanien zwar nicht in der vordersten Linie der beachteten Gottheiten, nahm neben ihnen aber doch einen festen Platz ein, wie zahlreiche bildliche Vergegenwärtigungen und inschriftliche Nennungen dokumentieren. Generell liegen deren Fundorte direkt an Flüssen oder doch in deren Nähe[258]. Zu beobachten ist sogar eine bedingte Schwerpunktbildung im Rhein-Main-Gebiet und weiter den Rhein aufwärts[259]. Die möglicherweise erste Darstellung des Gottes in Mainz, jedenfalls deutlich vor der Statue geschaffen, fand an der spätneronischen Mainzer Jupitersäule ihren Platz; auf deren unterster Trommel erscheint Neptun von Victoria und Diana flankiert[260]. Spätere Mainzer Darstellungen des Gottes gehörten ebenfalls zu Säulenmonumenten, so füllt er ein Bildfeld eines Viergöttersteins (Abb. 53)[261]; nur im Oberkörper erhalten ist er auf einem Mainzer Relief, das über reiche architektonische Rahmung verfügt und vorschlagsweise als Rest eines Zwischensockels angesprochen wird[262]. Ein regionales Beispiel für die Einbindung Neptuns in den Reliefzyklus mehrfiguriger Säulenträger liefert ein Zwischensockel aus Dannstadt[263]; in Alzey ist es wiederum eine Trommel, deren Götterreihe unter dem Eindruck der Großen Mainzer Säule entstand[264].

In den genannten Fällen gehörte Neptun zum Zyklus der Olympier und kündet nur bedingt von einer ihm speziell gewidmeten Aufmerksamkeit, wie sie dann aber in einzelnen Weihungen

258 Zu Neptun als Gott aller Gewässer vgl. Alföldy 2011, 19 mit Anm. 52. 53. Im konkreten Fall ist Neptun als Gott speziell der Donau gemeint.

259 In Niedergermanien spielte Neptun dagegen eine vergleichsweise geringe Rolle: Bechert 1982, 222. Aus Köln sind zwei Weihungen für Neptun belegt: Galsterer 2010, 169 Nr. 183. 184. Beide stammen aus dem 3. Jh. n. Chr. Zu einem Bildwerk aus Bonn s. unten. An der Nordsee fand Neptun gelegentlich Berücksichtigung im Rahmen der Nehalennia-Kulte: Stuart – Bogaers 2001; vgl. Noelke 2011, 566 f. Nr. 3.19 und 3.21.

260 Bauchhenß 1984a, Taf. 9–11; Riemer 2022, Taf. 12. Zur Kombination der Götter s. Schollmeyer 2022, 69.

261 Vom Gautor; Mainz, Landesmuseum, Inv. S 659: Espérandieu VII (1918), Nr. 5886; Bauchhenß 1981, 175 Nr. 316; Bauchhenß 1984b, 53 f. Nr. 48 Taf. 87; Selzer 1988, 189 Nr. 148.

262 Aus der Nähe des Gautors; Mainz, Landesmuseum, Inv. S 589: Espérandieu VII (1918), Nr. 5781; Frenz 1992b, 108–109 Nr. 85 Taf. 73,1.

263 Speyer, Historisches Museum der Pfalz, Inv. A 74: Espérandieu VIII (1922), Nr. 5990; Bauchhenß 1981, 59. 113 Nr. 107 Taf. 11,4.

264 Alzey, Museum: Espérandieu XII (1918), Nr. 7747; Bauchhenß 1981, 91 Nr. 18 Taf. 1,2.; Künzl 1994, 23 f. Nr. 6 Taf. 21,6. Der für Neptun absolut fremde Mantelschleier könnte auf mangelnder ikonographischer Kenntnis des lokalen Künstlers beruhen oder aber von bewusster Interpretation zeugen, bei der römische Vorlagen einheimischen Gottheiten anverwandelt wurden, vgl. Bauchhenß 2019, 108–114 (Reliefdarstellungen aus Alzey, u. a. „Vulcan“ mit Hirsch als Attribut [oder Symbol?]).

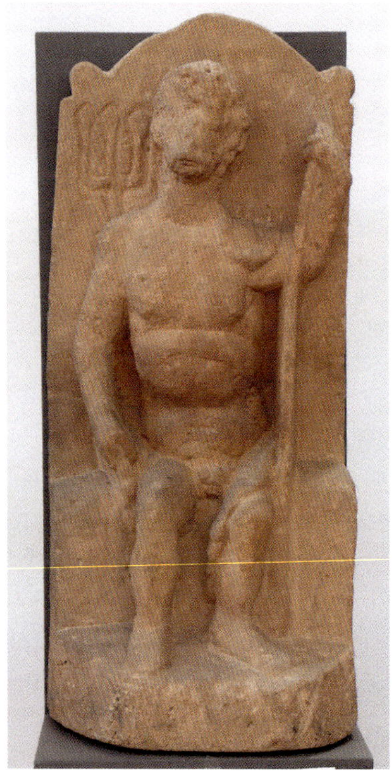

Abb. 57 Thronender Neptun aus *Nida*. Frankfurt a. M., Archäologisches Museum, Inv. X 2503

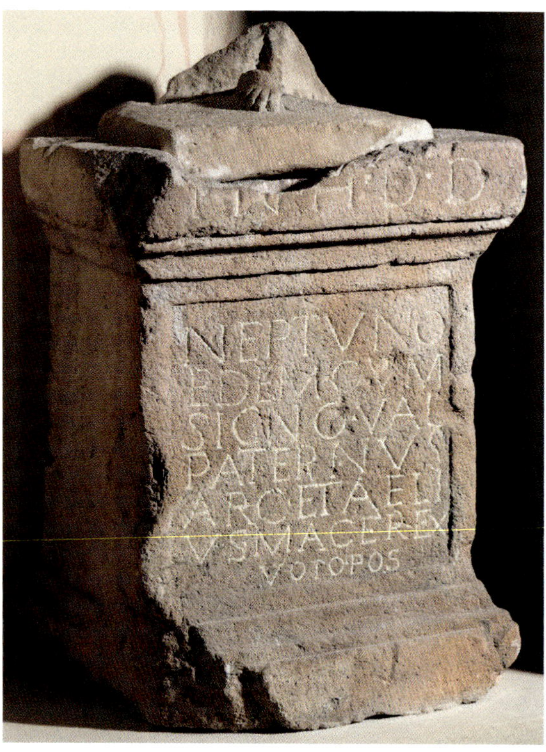


Abb. 58 Statuenbasis mit Weihinschrift an Neptun. Heidelberg, Kurpfälzisches Museum, Inv. HD-Neu 1921/926 a

hervortritt. So zeugt das Mainzer Fragment eines ihm geweihten Altars von kultischer Relevanz des Gottes[265]. Die sakrale Bedeutung, die dem Gott auch außerhalb von Mainz zuteilwurde, spiegelt eine in *Nida* gefundene reliefartige Wiedergabe von Drittel Lebensgröße, die den Gott auf einem thronartigen Sitz zeigt (Abb. 57)[266]. Evident ist die Jupiterangleichung. Sie geht so weit, dass Neptun sich auf ein Zepter stützt, während der Dreizack vom Gott losgelöst nur in die Rückenlehne eingetieft ist. Selbst das für die Capitolinus-Ikonographie charakteristische Mantelende zwischen den Beinen ist zumindest mit einem kleinen Zipfel zitiert[267]. Vielleicht

265 Mainz, Landesmuseum, Inv. 60/19: Frenz 1992b, 109 Nr. 86 Taf. 73,2. 3

266 Archäologisches Museum Frankfurt a. M., Inv. X 2503: Espérandieu X,2 (1931), Nr. 106; Meier-Arendt 1983, 93 Nr. 53. Anscheinend handelt es sich nahezu um einen Einzelfall; zur späten Parallele in Bonn s. unten. Dagegen sind Darstellungen des sitzenden Jupiters vor allem in Mainz und Umgebung häufig, wie schon Künzl 1975, 28 Nr. 13 beobachtete. Zu den zahlreichen motivgleichen Darstellungen des Jupiters aus Niedergermanien, insbesondere aus dem Kölner Raum, s. Noelke 1981, 425–445 Nr. 19–81 Taf. 67,4; 69–83. Hinzu kommen die Figuren mit bekannter Zugehörigkeit zu Säulen. Zu gleichen Darstellungen aus Obergermanien s. Bauchhenß 1981.

267 Es ist nicht auszuschließen, dass die Figur zunächst als Jupiter gearbeitet war und nachträglich durch den eingetieften Dreizack ‚umgetauft' wurde. Das würde der Bedeutung als Neptunbild aber keinen Abbruch tun, im Gegenteil: die Adaption hätte die Gleichrangigkeit der beiden olympischen Brüder unterstrichen.

beherbergte eine kleine Ädikula die Statuette[268]. Eine *aedes* samt *signum* des Neptun[269] ist für Heidelberg gesichert; erhalten sind der Inschriftensockel und die Plinthe (Abb. 58)[270]. Die Figur wies, wie die Mainzer Statue, einen ponderierten Stand auf. Hinter den Beinen befand sich anscheinend ebenfalls ein Attributtier[271].

In kultischem Kontext ist ebenso ein Altar aus Obernburg am Main zu sehen (Abb. 59)[272]. Auf ihm erfährt die Figur des Neptun eine hervorgehobene Würdigung, indem sie als Statue auf einem Sockel abgebildet ist und zugleich den wesentlichen figürlichen Schmuck des Monuments ausmacht, obwohl der Altar inschriftlich nicht ihm, sondern Jupiter, Apoll, Aesculap, Salus und Fortuna gemeinsam gewidmet ist.

Jenseits ihrer generellen sakralen Vernetzung am Ort und in dessen Nachbarschaft markiert die Mainzer Statue einen bemerkenswerten Repräsentationsanspruch. Sie bildet regional nahezu einen Sonderfall; abgesehen von der kleineren Heidelberger Skulptur lässt sich keine analoge statuarische Darstellung in den beiden germanischen Provinzen ermitteln[273]. Mehrere freiplastische Wiedergaben des Neptun verteilen sich dagegen über Provinzen südlich und östlich der Germania Superior: von der

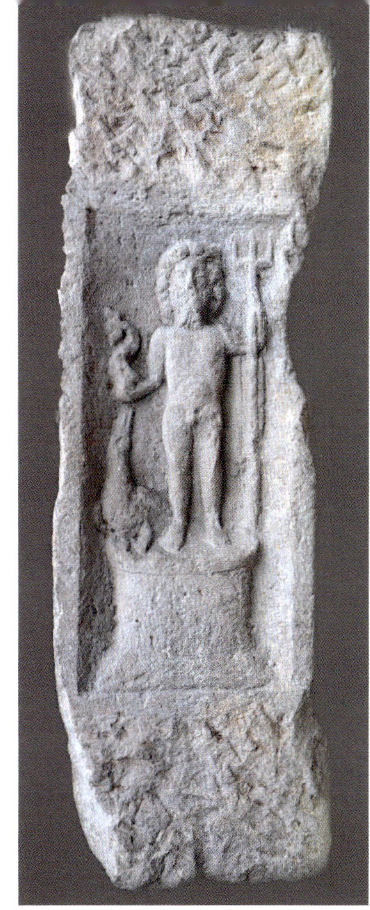

Abb. 59 Neptun-Altar aus Obernburg. Aschaffenburg, Stiftsmuseum, Inv. MSA 185

268 Vgl. die „Schutzhäuschen", die in Hausen an der Zaber offenkundig Statuetten sitzender Göttinnen beherbergten: Klumbach 1973, 23–25 Taf. 30,3; Filtzinger 1980, 126 H 8 mit Abb. auf S. 134.

269 Anders als in der Literatur ist die inschriftliche Bezeichnung von signum als (Götter-)Statue geläufig, s. Hainzmann 2019, 69 f.

270 Statuenbasis mit Weihinschrift an Neptun; Kurpfälzisches Museum Heidelberg, Inv. HD-Neu 1921/926a: CIL XIII 6403 = HD03648; Espérandieu X,2 (1931), 286 Nr. 439; Ferraudi-Gruénais – Ludwig 2017, 51 Nr. 24.

271 Einstige Statuette des Neptun, aufgestellt auf einem ihm geweihten Altar, gefunden in Heidelberg-Neuenheim im Flussbett des Neckar nahe einer ehemaligen römischen Brücke. Mit der Plinthe erhalten ist der rechte Fuß; der linke zeichnet sich noch in der Oberfläche ab. Amorphe Reste hinter den Füßen werden von einem Attributtier herrühren. Die ruhig stehende Figur, die in ihrer Linken den Dreizack hielt (Einlassloch im Boden), ist auf der Plinthe aus der Mitte nach links verschoben. Das lässt vermuten, dass der rechte Arm, den freien Raum nutzend, abgewinkelt war und wahrscheinlich einen Delphin oder einen anderen Fisch präsentierte. Als Stifter des ex voto firmieren zwei Römer; der an erster Stelle genannte ist als architectus ausgewiesen. In Kombination mit dem Fundort liegt es nahe, in ihm auch den Baumeister der Brücke zu erkennen. Der Schrein mit dem Bildwerk stand wohl auf der Mitte der Brücke.

272 Aschaffenburg, Stiftsmuseum, Inv. MSA 185: CIL XIII 6621 = HD031671; Mattern 2005a, Nr. 175. Das Tier am Boden könnte ein Wasservogel oder ein Seegreif sein, wie er an sich eher bei Apoll zu erwarten wäre. Laut Espérandieu X,2 (1931), 200 zu Nr. 323 eine Gans. Die Darstellung Neptuns wird ebenda mit der Herkunft des Stifters, eines aus Ostia stammenden medicus cohortis, erklärt.

273 Die späte Statuette in Bonn (s. unten) folgt nur dem kleinformatigen Sitzschema, das auch die Relief-Statuette aus *Nida* vertritt.

Raetia[274] über die Pannonia Inferior[275] bis zur Dacia[276]. Einer statistischen Auswertung mag man skeptisch begegnen, signifikant ist aber, dass diese Werke ausnahmslos einem gemeinsamen Haltungsmotiv verpflichtet sind und sich mit diesem von den Neptunfiguren in Mainz und Heidelberg unterscheiden. Konstitutiv ist ein abgewinkeltes Bein samt aufgestütztem Fuß[277]. Das Schema wird ebenso von Reliefs der Pannonia Superior aufgegriffen: einem Altar aus *Vindobona*, der einen gehörnten Kopf, wohl Acheloos, unter dem aufgesetzten Fuß des Gottes zeigt[278], und einer querformatigen Tafel aus *Carnuntum* (Abb. 60)[279]. Letztere, ein erzählfreudiges, in wesentlichen Teilen erhaltenes Denkmal kennzeichnet den Gott schemagerecht als Akteur, der seinen Fuß hier auf ein maßstäblich stark verkleinertes Kriegsschiff setzt[280]. Victoria, auf dem Globus schwebend und einen Palmzweig in der linken Hand, streckt dem Gott einen Kranz entgegen. Unmissverständlich gilt die Weihung einem bedeutenden Ereignis in militärischem Kontext. Denkbar wäre ein Sieg, zu dem die Donauflotte maßgeblich beigetragen hatte, etwa durch Errichtung einer Schiffsbrücke oder durch wichtige Transporte[281].

Soweit die Mainzer Statue zu erkennen gibt, bietet sie keinen Anlass, militärische Konnotationen zu mutmaßen, was insofern nicht verwundert, als der Gott in den germanischen Pro-

274 Torso aus Faimingen-Lauingen, Rathaus: Wagner u. a. 1973, Nr. 158; Stoll 1992, 304 f. Nr. III 2a,1. Fragmente aus Aalen; Aalen, Limesmuseum, Inv. 1979-35-603-1 und 1979-35-770-1: Stoll 1992, 304 f.

275 Statue aus Cibalae; Zagreb, Archäologisches Museum, Inv. 49: Dautova-Ruševljan 1983, 165 Taf. 33,3. – Aus Cibalae stammt auch ein Relieffragment mit einer Darstellung des Neptun: Dautova-Ruševljan 1983, 155. 165 Taf. 31,7 (als Rest eines Sarkophags erkannt). Von der Figur ist zu wenig erhalten, um eine typologische Aussage zu treffen. – Fragment einer Neptunstatue aus *Aquincum*; Budapest, Aquincum Museum, Inv. 2003.2.3.4: lupa.at/10784. Erhalten sind der Sockel mit linkem Fuß und einer Prora, auf der die Sohle und die Zehen des rechten Fußes noch existieren. – In derselben Stadt und ihrer Umgebung wurden eine Reihe von Neptunweihungen gefunden, vgl. Noelke 2011, 523 mit Anm. 161. Weihungen an Jupiter und Neptun von Soldaten des Limeskastell *Cuccium* an der Donau nahe Sirmium): CIL III 10247, 10248 = HD073704, 074220; Gudea 2013, 609 f. Nr. 23 Abb. 187. 188.

276 Torso und Kopf aus Ulpia Traiana; Sarmizegetusa, Museum, Inv.1322: Étienne u. a. 2004, 126 Pl. XLI (Rekonstruktion des Nymphäums); Diaconescu – Bota 2004, 186. 190 Pl. XVII,1. 2.

277 Vgl. Klöckner 1997, 20–73 (Gruppe Lateran und Gruppe Eleusis). – Zum Typus Lateran s. Vorster 1993, 68–74 Nr. 27 Abb. 125–132; Ch. Vorster, in: Knoll u. a. 2011, 466–471 Nr. 97. In vereinfachter Form auch auf einem Siebengötterstein aus Oberriexingen(?); Stuttgart, Landesmuseum Württemberg, Inv. RL 391: Espérandieu X,2 (1931), Nr. 396.

278 Wien, Museum Karlsplatz/Römermuseum Hoher Markt, Inv MV 631. Der ungewöhnliche Altar war Jupiter, Neptunus Augustus und weiteren Göttern geweiht. Neptun repräsentiert hier wohl die Donau: CIL III 14359, 27 = HD069316; Vgl. ferner Neumann 1967, 20 f. Nr. 18 Taf. 18; Neumann 1972, 47–49; Stoll 1992, 304 f. Noelke 2011, 522; Alföldy 2011. – Ein weiterer, aber bildloser Altar für Neptun aus Vindobona, von einem einzelnen Soldaten (centurio?) geweiht: CIL III 14359, 29 = HD074198.

279 Bratislava, Múzeum mesta Bratislavy, Inv. 3186: Krüger 1970, 11 Nr. 154 Taf. 4; Stoll 1992, 304.

280 Gemeinhin ist von einem Schiffsvorderteil (Prora) die Rede. Tatsächlich lässt sich ein vollständiges Schiff mit Rudern erkennen. Die gewöhnlichere Verbindung mit einer Prora ist vor allem auf Münzen oft anzutreffen: Klöckner 1997, 212 f. (Liste).

281 Eine Schiffsbrücke ist an der Traianssäule abgebildet; der erfolgreiche Transport von militärischem Gerät (und Weinfässern) findet sich an der Marcussäule; vgl. Groff 2022, 67–69 mit Anm. 46. 47 Abb. 11. 12. Zur pannonischen Flotte s. Gudea 2013, 529.

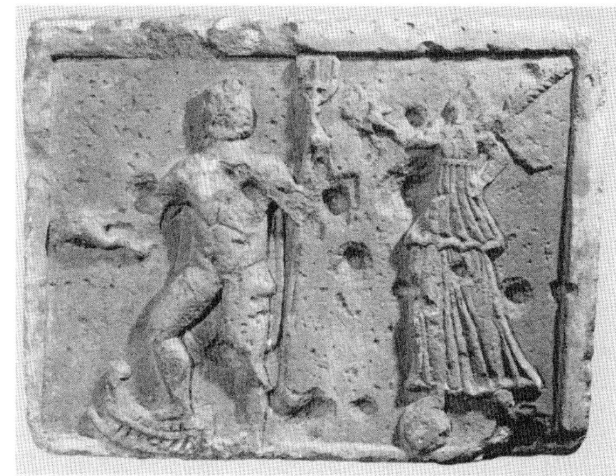

Abb. 60 Neptun und Victoria. Tafel aus *Carnuntum*. Bratislava, Múzeum mesta Bratislavy (Bratislava City Museum, Slovakia), Inv. 3186

vinzen generell nur selten Ehrungen durch Soldaten erfuhr[282]. Alles spricht für einen zivilen Auftraggeber der Statue und eine Präsentation in mutmaßlich zivilem Umfeld[283]. Der oder die Stiftende:n könnte:n mit dem Mainzer Hafen oder der Rheinschifffahrt beruflich verbunden gewesen sein; in Betracht kommt an erster Stelle ein *nauta*[284], ein Schiffseigener oder Reeder, vielleicht auch eine Gemeinschaft von Schiffsleuten. Durch seinen außergewöhnlichen Grabstein bekannt geworden ist der Mainzer *nauta* Blussus, der sein Geschäft mit Erfolg betrieben hatte[285]. Seit diesem Denkmal aus dem 1. Jh. n. Chr. fehlt es am Ort zwar an epigraphischen Belegen für die Anwesenheit von Männern aus diesem Berufsfeld, ihre Existenz während der weiteren Kaiserzeit besitzt aber eine an Sicherheit grenzende Wahrscheinlichkeit. In Marbach am Neckar erhielt der Genius der *nautae* eine Weihung, die in das 2.–3. Jh. datiert wird[286]. Im Bestattungsplatz von Frankfurt-Zeilsheim ist ein Indiz für eine mögliche Flößergemeinschaft bemerkt worden[287]. Eine Inschriftenplatte aus Ettlingen, die mit einem schon erwähnten Neptun-Relief (Abb. 54) zusammengehört und in den Buchstabenformen der Mainzer Statue nahesteht, nennt ein *contubernium nautarum* – eine außergewöhnliche Vereinsbezeichnung. Die vielfach dokumentierten Schiffergesellschaften an Rhône und Saône bezeichneten sich dagegen als *corpus nautarum* oder einfach, wie in Marbach am Neckar, als *nautae*. Unter welchem Namen und in welcher Form auch immer: die am zentralen Handelsplatz Mainz präsenten Schiffer werden sich ebenso gemeinschaftlich organisiert oder zumindest als Mitglieder einer Berufsgruppe verstanden und dargestellt haben.

282 Im Unterschied zu Britannien: Stoll 1992, 225.

283 Laut Groff 2022, 69 Anm. 49 diente der Dimesser Ort vermutlich auch der Versorgung des Militärs; Stiftungen von Soldaten sind aus diesem Bereich aber nicht bekannt. Vgl. oben zu Anm. 3 und 7.

284 Zur Berufsbezeichnung nauta und seinem Bedeutungsspektrum s. Schmidts 2011, 15–27.

285 Doppelseitiges Grabrelief der Menimane und des Blussus. Aus Mainz-Weisenau; Mainz, Landesmuseum, Inv. S 146: CIL XIII 7067 = HD056303; Selzer 1988, 95–98 Abb. 60. 61; 168–169 Nr. 110; Boppert 1992b, 53–58 Taf. 8. 9; Schmidts 2011, 23–25 Abb.15. 16; 145 Nr. 66.

286 Gefunden in Marbach, Baden-Württemberg, am Zusammenfluss des Neckars und der Murr; Aalen, Limesmuseum, Inv. RL 372: CIL XIII 6450 = HD036882; Schmidts 2011, 41. 145 Nr. 67.

287 Urne in Gestalt eines Gesichtsgefäßes aus einem frühantoninischen Grab. Unterhalb des Randes geritzte Inschrift RATARIOR, zu ergänzen wohl als rat(i)arior(um) = „der Flößer“: Fasold u. a. 2016, 28–30 Abb. 12; 85 Grab 28,21 Taf. 14. Zum Kontext des Frauengrabes mit einer Villa auch Fasold 2019, 114 f. Abb. 100. 101.

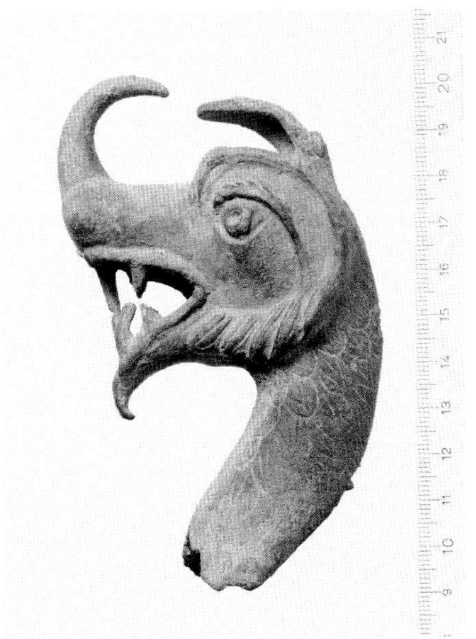

Abb. 61 Ketosprotome als Wasserspeier. Bonn, Privatbesitz

Es liegt nahe, in ihnen auch den gemeinsamen Auftraggeber für eine dezidiert dem Gott gewidmete Statue zu mutmaßen. Gleichermaßen könnten einzelne Mitglieder allein auf den Plan getreten sein und die Weihung zu Ehren ihrer Gemeinschaft (und natürlich ihres Gottes) realisiert haben. Einen angemessenen örtlichen Kontext für die Statuensetzung könnte in Übereinstimmung mit dem Fundort ein Hafen oder dessen unmittelbare Umgebung geboten haben. Anders als die Salus doch wohl mehransichtig angelegt und mutmaßlich nicht von einer Ädikula ummantelt, wird die Neptunstatue mit ihrer freistehenden Präsentation auf einem offenen Platz oder in einem Raum einen ganz anderen Anspruch auf Wahrnehmung markiert haben.

Für eine engere Datierung bietet das Fragment nur begrenzt Anhaltspunkte. Der Aufbau liefert höchstens in dem Sinn eine stilistische Signifikanz, als Leib und Vorderteil des Ketos sich additiv zueinander verhalten, was generell gegen einen zu frühen zeitlichen Ansatz spricht. Es fehlt auch die geläufige gezackte Manschette am Übergang zum Rumpf (vgl. Abb. 56). Geradezu einmalig, nicht datierbar erscheint der walzenförmige Fischleib, der unbewegt und unbeweglich auf dem Boden lastet. Zugestandener Maßen spielt hier die Denkmalform eine Rolle, denn schwerlich wären lebhafte Bewegungen möglich gewesen, wie sie für Meermischwesen auf Sarkophagen kennzeichnend sind. Der schlanke, schlangenartige und doppelt geschwungene Hals ist Konvention bei römischen *kete* und trägt somit auch nicht zur Zeitbestimmung bei[288]. Das Formular der Inschrift lässt, wie erwähnt, einen Spielraum vom fortgeschrittenen 2. bis 3. Jh. n. Chr. zu. Dabei scheinen die Schuppen auf eine spätere Zeitstellung zu verweisen: Sie besitzen weitgehende Entsprechungen an einem im 3. Jh. entstandenen bronzenen Wasserspeier in Gestalt einer Ketosprotome (Abb. 61)[289].

Stilistisch auswertbar bleibt der wenigstens teilweise sichtbare Oberkörper des Ketos. Die Vergleichbarkeit mit dem Rumpf der Salus ist evident. Der Eindruck einer aufgeblasenen Körperhülle stellt sich noch vehementer ein, da trotz angedeuteter Brustmuskeln jedwede Festigkeit auch des Umrisses fehlt; letztlich sind es erst die Flossen, die einen stabilisierenden Rahmen gewähren. Demgemäß wäre eine gleichzeitige Entstehung mit der Salus denkbar, doch auch

288 Horn 1974, 208 f. mit Anm. 73.
289 Aus Bonn; Privatbesitz: Horn 1974, 204–220 Abb. 25–27.

schon etwas früher, da die Bewegung des Tierkörpers an sich eine gespanntere und im Sinn des Genius aus *Nida* prononciertere Muskulatur erwarten ließe (Abb. 33).

Von den äußeren Bedingungen her nimmt eine zeitlich nahe Einordnung nicht wunder, da, wie mehrfach beobachtet, die skulpturale Produktion der germanischen Provinzen ab 200 n. Chr. stark zunahm und ihren Höhepunkt sogar noch nach Septimius Severus erfuhr[290]. Gegen Mitte des Jahrhunderts lief sie insgesamt aus. Die späteste, in Mainz-Kastel gefundene und fest datierte Jupitersäule stammt aus dem Jahr 246 n. Chr.[291] In *Nida* erfolgten einzelne Weihungen und Reparaturen nachweislich noch bis 249 n. Chr.[292] Den letzten, um 250 n. Chr. oder sogar noch danach anzusetzenden Skulpturen aus Niedergermanien[293] ist überzeugend auch eine reliefartige Statuette des thronenden Neptun aus Bonn zugerechnet worden (Abb. 62)[294]. Tatsächlich aber scheiden die Jahre ab 240 n. Chr. als mögliches Entstehungsdatum des Mainzer Neptun aus. Nach Ausweis seines Ketos muss er vor jenem Wandel hin zu harten, kompakten, verflächigten oder stereometrisierten Formen gearbeitet sein, für den exemplarisch der Bonner Neptun steht.

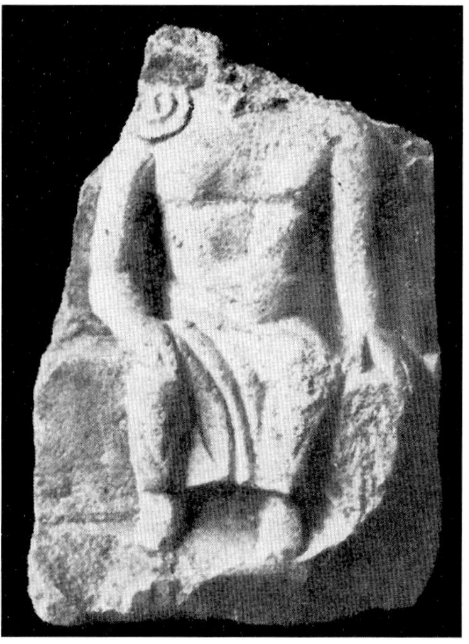

Abb. 62 Thronender Neptun aus Bonn. Bonn, Rheinisches Landesmuseum, Inv. 17236

(DK – JO)

290 Vgl. Noelke 1981, 318–334; Noelke 2021, 365 sowie 364–369 mit einem gestrafften Überblick über die Stilgeschichte am Beispiel der Jupitersäulen.

291 Viergötterstein und Zwischensockel; Mainz, Landesmuseum, Inv. S 978: Bauchhenß 1981, 183 Nr. 357. 358 Taf. 34,3; Noelke 2021, 364 f. Anm. 81; 368 f.

292 Fasold 2019, 121 f. Um 250 n. Chr. wurde dort sogar noch ein Brunnen angelegt. Restaurierung eines Säulendenkmals in *Nida* von 240 n. Chr.: CIL XIII 7265 = HD036527; Espérandieu X,2 (1931), Nr. 101; Bauchhenß 1981, 124 f. Nr. 143. 144; Noelke 1981, 332.

293 Im Kölner Raum ist mit römischen Monumenten noch in der 2. Hälfte des Jahrhunderts zu rechnen; das Kölner Lager wurde erst kurz vor 300 n. Chr. geräumt: Fischer – Hanel 2003; Thomas 2009. Letzte, 239 und 238 n. Chr. inschriftlich datierte Geniusdarstellungen aus Niederbieber: Schröder 2016, 23 Nr. 387. 390.

294 Bonn, Rheinisches Landesmuseum, Inv. 17236: Lehner 1917, 96 Nr. 200; Espérandieu VIII (1922), Nr. 6233. – Stilistische Einordnung: Noelke 1981, 333.

## Anhang 2: Natursteinprovenienz

In den Jahren 2021 und 2022 wurden die Mainzer Salus und der Neptun einer naturwissenschaftlich-archäometrischen Untersuchung unterzogen. Ziel war es, die Natursteinprovenienz zu bestimmen. Die Probe an der Salus wurde an der Bruchkante des rechten Armes gewonnen, dem Neptun wurde eine Probe im rückwertigen Bereich der Statue entnommen.

Als Ursprung für die gelbbraunen, in Mainz verbauten Sandsteine kommen im Wesentlichen drei geologische Einheiten in Frage, die in unterschiedlicher Entfernung zu Mainz anstehen und (zumindest in nachrömischer Zeit) als Werksteine gewonnen wurden. Sie treten in unterschiedlichen geographischen Regionen zu Tage:

1. Das Rotliegend in den Regionen Rheinhessen/Nordpfalz und südliches Rhein-Main-Gebiet
2. Der Buntsandstein in der Region Pfalz (Trier und Wetterau)
3. Der Keuper in Baden-Württemberg (Heilbronn / Neckar)

Als Vergleichsmaterial wurden Steinbruchproben aus dem Natursteinkataster bzw. der Natursteinsammlung des Instituts für Steinkonservierung e.V. (IFS)[295] herangezogen, deren Zuordnung zu den drei stratigraphischen Einheiten bekannt war.

Auch wenn die makroskopischen Oberflächeneigenschaften der beiden Skulpturen durch die steinmetzmäßige Bearbeitung, Verschmutzungen und Verwitterungsprozesse stark verändert waren, sind sie an zwei sehr kleinen Abplatzungen doch unverändert erkennbar. Demnach handelt es sich bei beiden Stücken um gelbbraunen feinkörnigen Sandstein von graubrauner bis braungelber Farbe, wie er vom Rotliegend des rheinhessisch-nordpfälzischen Berglandes bekannt ist (Abb. 63). Insbesondere Sandsteine aus der geologischen Formation der Disibodenberg-Schichten des unteren Rotliegend kommen als Ursprungsgesteine in Frage.

Zur Differenzierung der Sandsteine wurden ferner röntgendiffraktometrische Analysen mit anschließender Rietveld-Verfeinerung durchgeführt. Mittels Röntgendiffraktometrie werden die in den Sandsteinen vorhandenen Minerale qualitativ identifiziert. Die Methode wurde bereits für Herkunftsbestimmungen an römischen Werksteinen aus der *Nida* (Heddernheim)[296] und Frankfurt-Zeilsheim[297] genutzt.

Um die qualitativen Daten der Röntgendiffraktometrie quantitativ auszuwerten, wurde im vorliegenden Fall zusätzlich eine Rietveld-Verfeinerung vorgenommen. Dabei werden synthetische Spektren berechnet, bei denen die Anteile der in der jeweiligen Probe detektierten Mineralphasen solange verändert werden, bis das berechnete Spektrum dem gemessenen möglichst gut

295 https://ifs-mainz.de/8-startseite/19-natursteinkataster-online (letzter Zugriff: 8. August 2023).
296 Fasold 2011.
297 Kowalczyk 2016.

angepasst ist. Dadurch lassen sich die Mengenanteile der verschiedenen Mineralphasen annähernd quantitativ ermitteln.

Als Vergleichsmaterial wurden 27 Steinbruchproben aus dem Natursteinkataster bzw. der Natursteinsammlung des IFS herangezogen, deren Zuordnung zu den drei stratigraphischen Einheiten bekannt war.

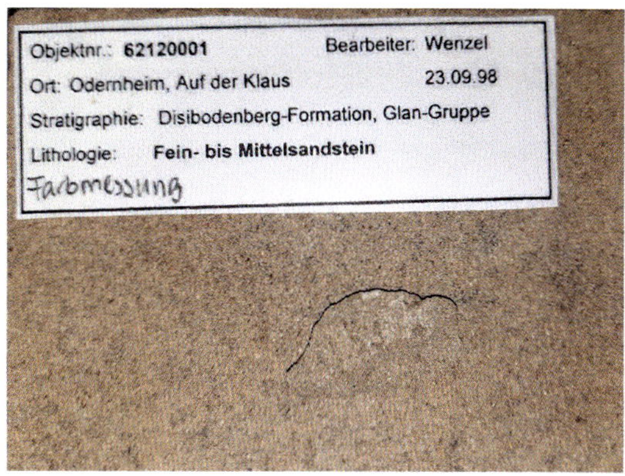


Abb. 63 Vergleich eines kleinen Bruchstücks von der Mainzer Salus (unten rechts) mit einer Gesteinsprobe aus dem Natursteinkataster des IFS

Dabei wurden vor allem die Minerale Quarz, Kalifeldspat, Plagioklas (Natrium-Calcium-Feldspat), Muskovit/Illit (Hellglimmer), Kaolinit (Tonmineral) und Smektit (Tonmineral) identifiziert. In manchen Proben wurden zusätzlich in meist nur geringen Mengen Calcit, Gips, Vermikulit, Goethit, Hämatit oder Arcanit nachgewiesen. Quarz, Kalifeldspat, Plagioklas, Muskovit und Smektit entstammen dem Verwitterungsmaterial der Ausgangsgesteine. Illit und Kaolinit entstehen bei der Verwitterung von Feldspäten und Muskovit. Die Eisenoxid/Hydro-

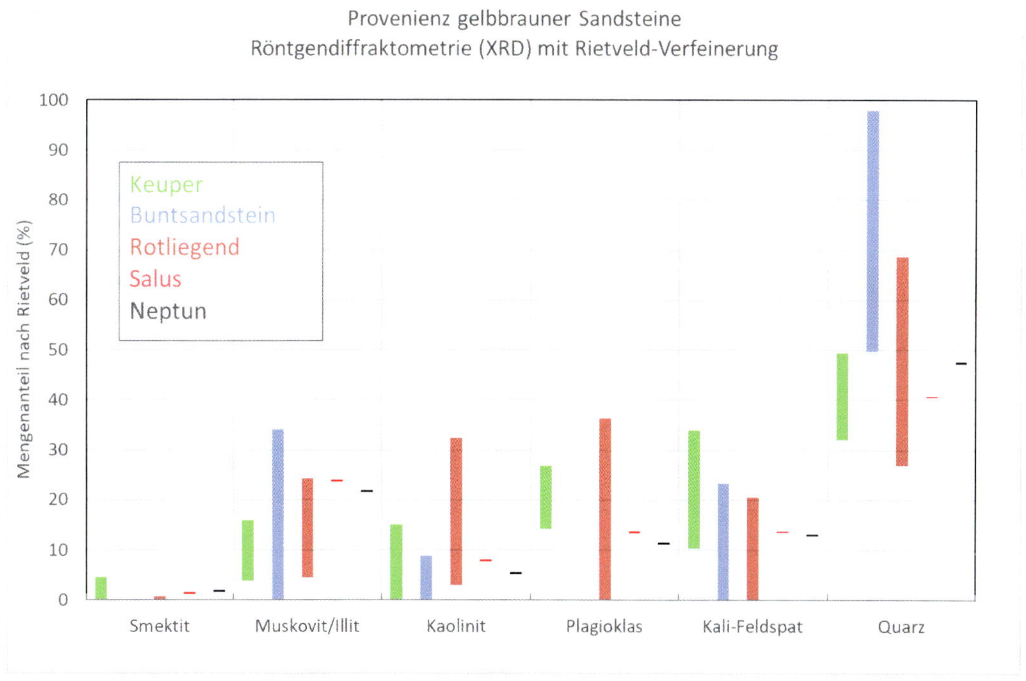


Abb. 64 Anteile der wichtigsten Mineralphasen in den drei stratigraphischen Einheiten und den Objekten

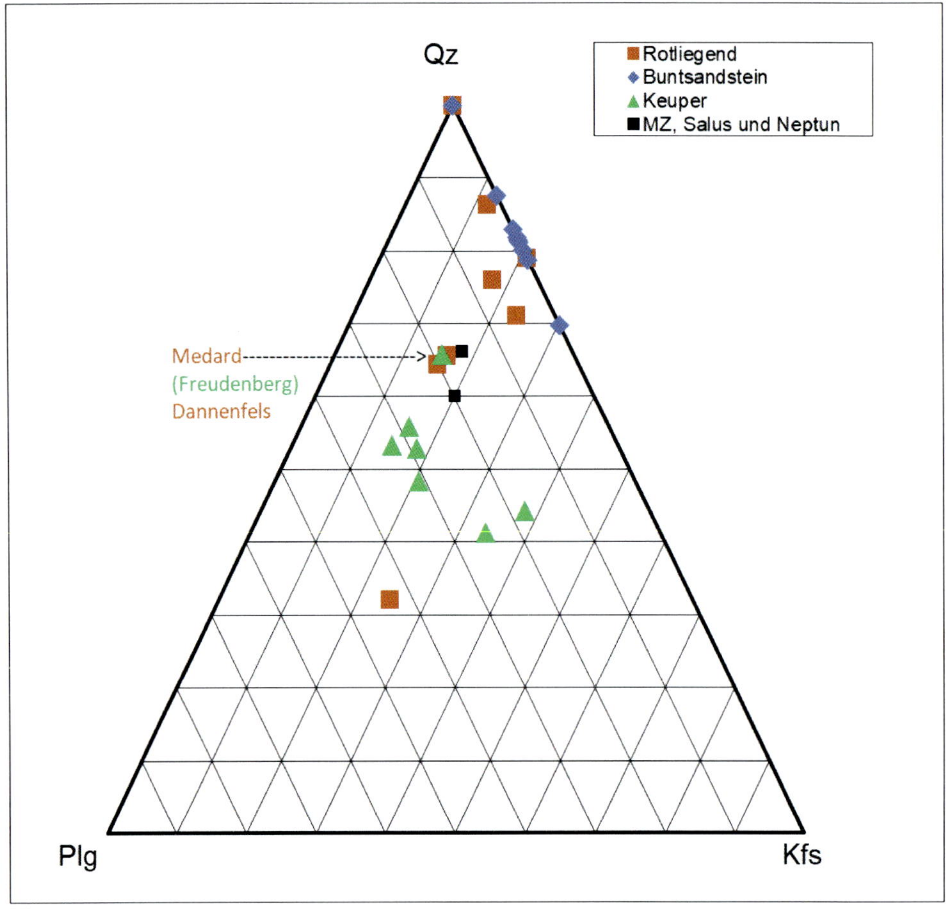


Abb. 65 Verteilung der Hauptkomponenten Quarz, Kalifeldspat und Plagioklas in Proben der beiden Mainzer Objekte sowie aus Steinbrüchen verschiedener stratigraphischer Einheiten

xid-Phasen Hämatit und Goethit sind auf die Verwitterung anderer eisenhaltiger Mineralphasen zurückzuführen. Calcit kann bei der Diagenese im Porenraum der Sedimente abgeschieden werden. Gips ist als Sekundärbildung anzusehen (infolge von Luftverschmutzung).

Die Variationsbreite der Hauptmineralphasen ist in Abb. 64 wiedergegeben. Es zeigt sich, dass die Buntsandsteinproben weder Smektit noch Plagioklas enthalten. Smektit kann, muss aber nicht im Rotliegend und im Keuper vorkommen. Plagioklas ist im Keuper stets mit wesentlichen Anteilen vertreten, während er im Rotliegend stark variiert. Auch bei den übrigen Mineralphasen überlappen sich die Bereiche von Rotliegend und Keuper weitgehend. Buntsandstein besitzt stets Quarzgehalte von mindestens 50 Prozent Keuper von maximal 50 Prozent. Buntsandstein ist gut von den beiden anderen stratigraphischen Einheiten abgrenzbar. Eine sichere Unterscheidung von Rotliegend und Keuper ist anhand von Abb. 64 jedoch nicht möglich.

Für eine weitere Differenzierung wurden die drei Hauptphasen Quarz, Kalifeldspat und Plagioklas auf 100 Prozent normiert und in einem Dreiecksdiagramm dargestellt. Abbildung 64 zeigt, dass die Proben der Skulpturen der Salus und des Neptun sehr nahe an zwei Rotliegend-Proben aus Medard (nahe Lauterecken, Meisenheim-Formation) und Dannenfels (am Donnersberg, Lehbach-Subgruppe) plotten (Abb. 65). Eine Keuperprobe mit ähnlicher Signatur stammt aus der Lokalität Freudenbach im nordöstlichen Baden-Württemberg, die aufgrund ihrer Entfernung von Mainz und ihrer Lage jenseits des Limes als Provenienzquelle für deutlich unwahrscheinlicher angesehen wird.

Bereits aufgrund der makroskopischen Merkmale werden die Mainzer Salus und der Neptun dem Rotliegend zugeordnet, was durch die die XRD/Rietveld-Daten bestätigt und auf eine Herkunft aus dem unteren Rotliegend präzisiert wird. Die Daten sprechen für eine Herkunft der Werksteine aus der Disibodenberg- oder Meisenheim-Formation, die zur Lebach-Subgruppe zusammengefasst werden. Geographisch entspricht dies der Region der Landkreise Bad Kreuznach, Kusel und Donnersbergkreis.

(MA)

## Zusammenfassung – Summary – Sintesi – Résumé

### Zusammenfassung

Im vorliegenden Band wird eine im Oktober 2020 im Mainzer Zollhafen gefundene, leicht unterlebensgroße Frauenfigur mit nacktem Oberkörper und Hüftmantel aus Sandstein bekannt gemacht. Ihr linker Fuß ist auf einen Rindskopf gestützt, auf ihrer linken Schulter schlängelt sich eine Schlange in Richtung der linken Hand. Die auf dem Sockel angebrachte Inschrift weist die Figur als Salus aus, die im Jahr 231 n. Chr. von Senecionius Moderatus und Respectius Constans den Bewohner:innen der Mainzer *canabae* gestiftet wurde. Gemeinsam mit einer Skulptur aus Köln bildet die Mainzer Salus ein den lokalen Bedürfnissen angepasstes Statuenschema, dessen Entstehung wir in flavischer Zeit vermuten und hypothetisch mit einem damals neu gestifteten Kult in Verbindung bringen. Ferner lässt sich der Herstellungsprozess der Statue gut nachvollziehen. Der Stein wurde wohl im Nahetal abgebaut und nach Mainz importiert, wo eine überregional gefragte Werkstatt Statuen fertigte; so vermutlich auch den Genius aus *Nida* (Heddernheim). Mit solchen Produkten befriedigte die Werkstatt die Wünsche besonders ambitionierter Auftraggeber:innen, welche in Obergermanien gerade in severischer Zeit ihre Städte mit im öffentlichen Raum präsentierten Statuen von unterschiedlichen Heilsgottheiten schmückten und durch diese religiöse Praxis sowohl ihr eigenes soziales Prestige steigerten als auch entscheidend zum urbanen Mehrwert ihrer Gemeinden beitrugen. Zuletzt wird ein zweites, gemeinsam mit der Mainzer Salus gefundenes Statuenfragment bekannt gemacht und als Neptun gedeutet.

### Summary

The volume at hand introduces a slightly less than life-size female figure with naked torso and hip cloak made of sandstone that was found in the "Zollhafen" of Mainz in October 2020. Her left foot rests on a bovine head, and a snake coils towards her left hand from her left shoulder. The inscription on the plinth identifies the figure as a "Salus", donated to the inhabitants of the Mainz canabae in 231 AD by Senecionius Moderatus and Respectius Constans. Together with a sculpture from Cologne, the Mainz Salus forms a statue scheme adapted to local needs, the origin of which we place in the Flavian period and hypothetically associate with a newly founded cult at that time. Furthermore, the statue's origins can be easily traced. The stone was probably quarried in the Nahe valley and imported to Mainz, where a workshop known to have distributed across the the province produced statues, presumably including the Genius from *Nida* (Heddernheim). With such products, the workshop catered to particularly ambitious clients, who adorned cities across Upper Germania with statues of various deities of salvation presented in public spaces, especially in the Severan period. Through this religious practice they both increased their own social prestige and contributed decisively to the urban added value of their communities. Finally, a second statue fragment found together with the Mainz Salus is presented and interpreted as Neptune.

## Sintesi

Nel presente volume viene resa nota una figura femminile in pietra arenaria, di dimensioni poco inferiori alla grandezza naturale, con torso nudo e mantello sui fianchi, rinvenuta nell'ottobre 2020 nel porto doganale di Magonza. Il piede sinistro poggia su una testa di giovane mucca, mentre sul lato sinistro della figura un serpente si avvolge dalla spalla verso la mano. L'iscrizione sul basamento identifica la figura come una *salus* donata agli abitanti delle *canabae* di Magonza nel 231 d.C. da Senecionius Moderatus e Respectius Constans. Insieme a una scultura proveniente da Colonia, la Salus di Magonza rappresenta un tipo statuario adattato alle esigenze locali, di cui si ipotizza l'origine in epoca flavia e l'associazione a un culto di nuova fondazione in quel periodo. Inoltre, il processo di realizzazione della statua è facilmente ricostruibile. La pietra fu probabilmente estratta nella valle del Nahe e importata a Magonza, dove un'officina molto richiesta a livello regionale produceva statue, tra cui presumibilmente il Genio di *Nida* (Heddernheim). Con tali prodotti, l'officina soddisfaceva i desideri di committenti particolarmente ambiziosi, che nella Germania superior, soprattutto in epoca severiana, adornavano le loro città con statue di varie divinità della salvezza presentate nello spazio pubblico e attraverso questa pratica religiosa, accrescevano il proprio prestigio sociale e contribuivano in modo decisivo al valore aggiunto urbano delle loro comunità. Infine, un secondo frammento di statua rinvenuto insieme alla Salus di Magonza viene reso noto e identificato come rappresentazione di Nettuno.

## Résumè

Cette contribution présente une statue découverte en octobre 2020 dans le port douanier de Mayence. Sculptée dans le grès, elle représente une figure féminine légèrement plus petite que nature, au torse nu, vêtue d'un drapé au niveau des hanches. Son pied gauche est appuyé sur une tête de bœuf, tandis que sur son épaule gauche se trouve un serpent qui avance en direction de sa main gauche. L'inscription sur le socle indique que la statue est une *Salus*, offerte en 231 après J.-C. par Senecionius Moderatus et Respectius Constans aux habitants des *canabae* de Mayence. Tout comme une autre sculpture de Cologne, la *Salus* de Mayence constitue un schéma statuaire adapté aux besoins locaux, dont nous supposons la création à l'époque flavienne et que nous mettons hypothétiquement en relation avec un nouveau culte fondé à cette époque.

Le processus de fabrication de la statue est facile à comprendre. La pierre a probablement été extraite dans la vallée de la Nahe et importée à Mayence, où un atelier renommé à l'échelle de la province fabriquait des statues de consécration, dont fait probablement partie le Génie de

*Nida* (Heddernheim). Avec de tels produits, l'atelier répondait aux souhaits de commanditaires particulièrement ambitieux qui, en Germanie supérieure, notamment à l'époque sévérienne, décoraient leurs villes avec des statues de différentes divinités salvatrices présentées dans l'espace public et qui, par cette pratique religieuse, augmentaient leur propre prestige social tout en contribuant de manière décisive à la monumentalité urbaine.

Un deuxième fragment de statue découvert en même temps que la *salus* de Mayence, interprété comme provenant d'une figure de Neptune, est également présenté dans cet article.

## Abbildungsnachweis

Abb. 1 = nach Dolata 2022, S. 36 Plan A (überarbeitet von E. Schuster); Abb. 2 = © GDKE Landesarchäologie Mainz, Plan: Thomas Dederer 2020; Abb. 3. 4 = © GDKE Landesarchäologie Mainz, Photo: Thomas Dederer; Abb. 5–11. 32. 34. 48–51 = Die Mainzer Salus; © GDKE Landesarchäologie Mainz, Photo: Angelika Schurzig; Abb. 12 = © GDKE Landesmuseum Mainz, Photo: F. Steyer; Abb. 13 = © The Trustees of the British Museum; Abb. 14. 15 = © Römisch-Germanisches Museum der Stadt Köln/Rheinisches Bildarchiv Köln, Photo: Anja Wegner; Abb. 16 = © Archäologisches Landesmuseum Baden-Württemberg, Photo: Ortolf Harl; Abb. 17 = Photo: Angelika Schurzig; Abb. 18 = © GDKE Landesmuseum Mainz, Photo: Ursula Rudischer; Abb. 19 = © British Museum; Abb. 20 = © Staatliche Museen zu Berlin; Abb. 21 = © Archäologisches Nationalmuseum Neapel. D-DAI-ROM-83.2259 (Photo: H. Schwanke); Abb. 22 = © Archivio fotografico Musei di Brescia; © Skulpturensammlung, Staatliche Kunstsammlungen Dresden, Photo: Elke Estel/Hans-Peter Klut; Abb. 24 = İstanbul Arkeoloji Müzeleri / Kültür ve Turizm Bakanlığı; Abb. 25 = © American Numismatic Society 1944.100.39880; Abb. 26 = © Courtesy New York Excavations at Aphrodisias; Abb. 27 = © Reiss-Engelhorn-Museen Mannheim, Photograf unbekannt (vermutlich Fritz Rupp); Abb. 28 = © Museum Alzey, Photo: Ortolf Harl; Abb. 29 = © Landessammlungen Niederösterreich, Archäologischer Park *Carnuntum*, Photo: N. Gail; Abb. 30 = © National Museum of Antiquities, Leiden; Abb. 31 = © Reiss-Engelhorn-Museen Mannheim, Photo: Carolin Breckle; Abb. 33. 35. 37. 43 = © Stiftung Stadtmuseum Wiesbaden, Photo: Angelika Schurzig; Abb. 36 = Photo: Johannes Lipps; Abb. 38 = © Landesamt für Denkmalpflege im Regierungspräsidium Stuttgart, Photo: Bernd Hausner; Abb. 39 = © Heidelberg Kurpfälzisches Museum, Photo: Ortolf Harl; Abb. 40 = © Hessisches Landesmuseum Darmstadt; Abb. 41. 42 = © Museum Schloss Fechenbach, Dieburg; Abb. 44 = © LVR LandesMuseum Bonn, Photo: Jürgen Vogel; Abb. 45 = © Stadtmuseum Wiesbaden/Archäologisches Museum Frankfurt a. M., Photo: U. Dettmar; Abb. 46 = nach Espérandieu 1918, S. 169 f., Nr. 5538; Abb. 47 = nach Germania 1925 Nr. 9/1, 10 Abb.14; überarbeitet von Volker Grünwald. Mit freundlicher Genehmigung zur Nutzung durch das Landesmuseum Württemberg und der Germania Redaktion; Abb. 52 = © Reiss-Engelhorn-Museen, Photo: Carolin Breckle/Lina Kaluza; Abb. 53 = Neptun © GDKE Landesmuseum Mainz, Photo: Ursula Rudischer; Abb. 54 = © Archäologisches Landesmuseum Baden-Württemberg, Photo: Manuela Schreiner; Abb. 55 = © LEIZA Archiv, Nr. 4252, Leibniz-Zentrum für Archäologie; Abb. 56 = © GDKE Rheinisches Landesmuseum Trier, Photo: Th. Zühmer; Abb. 57 = © Stiftung Stadtmuseum Wiesbaden/Archäologisches Museum Frankfurt a. M., Photo: U. Dettmar; Abb. 58 = © Kurpfälzisches Museum Heidelberg, Photo: Ortolf Harl; Abb. 59 = © Museen der Stadt Aschaffenburg, Photo: I. Otschik; Abb. 60 = © Múzeum mesta Bratislavy (Bratislava City Museum, Slovakia), Photo: S. Sternmüllerová; Abb. 61 = © LEIZA Archiv, Nr. 4860, Leibniz-Zentrum für Archäologie; Abb. 62 = © LVR LandesMuseum Bonn; Abb. 63–65 = © Institut für Steinkonservierung e. V. (Michael Auras).

## Abkürzungen

| | |
|---|---|
| AE | L'année épigraphique |
| BMCRE | H. Mattingly (u. a.), Coins of the Roman Empire in the British Museum (London 1923–1950; 21975) |
| CSIR | Corpus Signorum Imperii Romani |
| EDH | Epigraphische Datenbank Heidelberg |
| EDR | Epigraphic Database Roma |
| IG Bulg | Inscriptiones Graecae in Bulgaria repertae |
| IK | Inschriften griechischer Städte aus Kleinasien |
| LIMC | Lexicon Iconographicum Mythologiae Classicae |
| RIC | H. Mattingly – E. A. Sydenham, The Roman Imperial Coinage (London 1926) |
| lupa.at | F. und O. Harl, lupa.at (Bilddatenbank zu antiken Steindenkmälern) |

## Literaturverzeichnis


Adams 1978 — L. Adams, Orientalizing Sculpture in Soft Limestone, BAR Suppl. Series 42 (Oxford 1978)

Alexandridis 2004 — A. Alexandridis, Die Frauen des römischen Kaiserhauses. Eine Untersuchung ihrer bildlichen Darstellung von Livia bis Iulia Domna (Mainz 2004)

Alföldy 2011 — G. Alföldy, Eine umstrittene Altarinschrift aus Vindobona, Tyche 26, 2011, 1–22

Arheološki muzej u Zagrebu 2015 — Arheološki muzej u Zagrebu (Hrsg.), Aquae Iasae. Nova otkrića iz rimskog razdoblja na području Varaždinskih Toplica. Recent discoveries of Roman Remains in the Region of Varaždinske Toplice (Zagreb 2015)

Baatz 1986 — D. Baatz, Rez. zu: Büsing, BJb 186, 1986, 866–870

Bauchhenß 1981 — G. Bauchhenß, Die Iupitergigantensäulen in der römischen Provinz Germania superior, in: G. Bauchhenß – P. Noelke (Hrsg.), Die Jupitersäulen in den germanischen Provinzen, Bonner Jahrbücher Beih. 41 (Köln 1981) 2–262

Bauchhenß 1984a — G. Bauchhenß, Die große Iuppitersäule aus Mainz, CSIR Deutschland II,2 (Mainz 1984)

Bauchhenß 1984b — G. Bauchhenß, Die Denkmäler des Iuppiterkultes aus Mainz und Umgebung, CSIR Deutschland II,3 (Mainz 1984)

Bauchhenß 2019 G. Bauchhenß, Einheimische Götterfiguren in den germanischen Provinzen: Vorbilder und Abweichungen, in: Th. G. Schattner – Amílcar Guerra (Hrsg.), Das Antlitz der Götter – O rosto das divindades, IA 20 (Wiesbaden 2019) 100–121

Bechert 1982 T. Bechert, Römisches Germanien zwischen Rhein und Maas: die Provinz Germania Inferior (München 1992)

Becker 1992 A. Becker, Rom und die Chatten (Darmstadt 1992)

Becker 2017 H. S. Becker, Kunstwelten (Hamburg 2017)

Becker – Rasbach 2015 A. Becker – G. Rasbach: Waldgirmes. Die Ausgrabungen in der spätaugusteischen Siedlung von Lahnau-Waldgirmes (1993–2009), Römisch-germanische Forschungen, Beilagen 71 (Darmstadt 2015)

Behrens 1941 G. Behrens, Marsweihungen im Mainzer Gebiet, Mainzer Zeitschrift 36, 1941, 8–21

Bellen 1989 H. Bellen, Der römische Ehrenbogen von Mainz-Kastel. Ianus Germanici aut Domitiani?, AKorrBl 19, 1989, 77–84

Bergmann 1994 M. Bergmann, Der Koloß Neros, die Domus Aurea und dr Mentalitätswandel im Rom der frühen Kaiserzeit, Trierer Winckelmannprogramm 13 (Mainz 1994)

Bergmann 2010 B. Bergmann, Bar Kochba und das Panhellenion. Die Panzerstatue Hadrians aus Hierapytna/Kretna (Istanbul, Archäologisches Museum Inv.Nr. 50) und der Panzertorso Inv. 8097 im Piräusmuseum von Athen, IstMitt 60, 2010, 203–289

Besson 2020 A. Besson, Constitutio Antoniniana. L'universalisation de la citoyenneté romaine au 3e siècle, Schweizerische Beiträge zur Altertumswissenschaft (Basel 2020)

Binsfeld u. a. 1988 W. Binsfeld – K. Goethert-Polaschek – L. Schwinden, Katalog der römischen Steindenkmäler des Rheinischen Landesmuseums Trier 1. Götter- und Weihedenkmäler, CSIR Deutschland IV,3 (Mainz 1988)

Birkhan 1997 H. Birkhan, Kelten. Versuch einer Gesamtdarstellung ihrer Kultur (Wien 1997)

Blänsdorf 2012 J. Blänsdorf, Forschungen zur Lotharpassage I. Die Defixionum Tabellae des Mainzer Isis- und Mater Magna-Heiligtums, Mainzer Archäologische Schriften 9 (Mainz 2012)

Blänsdorf 2020 J. Blänsdorf, Drei Phasen der Ausweitung des Imperiumsgedankens. Drusus-Feste der Tres Galliae in Mainz – Kaiser Claudius über die Anerkennung der Galloromer – Caracallas Bürgerrechtserlass von 212, GFA 23, 2020, 93–108

Blanchard 2015 F. Blanchard, Jupiter dans les Gaules et les Germanies: du Capitole au cavalier à l'anguipède, Archéologie & Culture (Rennes 2015)

Blümel 1953 C. Blümel, Griechische Bildhauer an der Arbeit, 4. Aufl. (Berlin 1953)

Boardman 1987 'Very Like a Whale' – Classical Sea Monsters, in: A. E. Farkas (Hrsg.), Monsters and Demons in the Ancient and Medieval Worlds (Mainz 1987) 73–84

Boardman 1997 LIMC VIII (1997) 731–736 s. v. Ketos (J. Boardman)

Bol I–V (2002–2019) P. C. Bol (Hrsg.), Geschichte der antiken Bildhauerkunst I–V (Mainz 2002–2010, Worms 2019)

Boppert 1992a W. Boppert, Militärische Grabdenkmäler aus Mainz und Umgebung, CSIR Deutschland II,5. Germania Superior (Mainz 1992)

Boppert 1992b Zivile Grabsteine aus Mainz und Umgebung, CSIR Deutschland II,6. Germania Superior (Mainz 1992)

Boppert 1998 W. Boppert, Römische Steindenkmäler aus Worms und Umgebung, CSIR Deutschland II,10. Germania Superior (Mainz 1998)

Boppert 2001 W. Boppert, Römische Steindenkmäler aus dem Landkreis Bad Kreuznach, CSIR Deutschland II,9. Germania Superior (Mainz 2001)

Boppert 2009a W. Boppert, Römische Steindenkmäler vom Disibodenberg, in: F. Daim – A. Kluge-Pinsker – S. Albrecht (Hrsg.), Als Hildegard noch nicht in Bingen war: der Disibodenberg – Archäologie und Geschichte (Mainz 2009) 77–79

Boppert 2009b W. Boppert, Ein Altarfragment vom Disibodenberg, Mainzer Archäologische Zeitschrift 8, 2009, 41–45

Borbein 2000 A. Borbein, Formanalyse, in: A. H. Borbein – T. Hölscher – P. Zanker (Hrsg.), Klassische Archäologie. Eine Einführung (Berlin 2000) 109–128

Borbein 2005 A. Borbein, Sinn und Unsinn der Meisterforschung, in: V. M. Strocka (Hrsg.), Meisterwerke. Internationales Symposion anlässlich des 150. Geburtstags von Adolf Furtwängler, 30.6.–3.7.2003 (München 2005) 223–234

Boschung 2015 D. Boschung, Mithras: Konzeption und Verbreitung eines neuen Götterbildes, in: D. Boschung – A. Schäfer (Hrsg.), Römische Götterbilder der mittleren und späten Kaiserzeit, Morphomata 22 (Paderborn 2015) 217–234

Bossert 1999 M. Bossert, Die figürlichen Skulpturen des Legionslagers von Vindonissa, Veröff. Gesellschaft pro Vindonissa 16 = Civitas helvetiorum. Vindonissa, CSIR Schweiz I,5. Germania Superior (Brugg 1999)

Büsing 1982 H. Büsing, Römische Militärarchitektur in Mainz, Römisch-Germanische Forschungen 40 (Mainz 1982)

Burger-Völlmecke 2020 D. Burger-Völlmecke, Mogontiacum II. Topographie und Umwehrung des römischen Legionslagers von Mainz, Limesforschungen 31 (Berlin 2020)

Busch u. a. 2017 A. Busch – J. Griesbach – J. Lipps (Hrsg.), Urbanitas. Urbane Qualitäten. Die antike Stadt als kulturelle Selbstverwirklichung, Kolloquium 2012 in München, RGZM-Tagungen (Mainz 2017)

Cassibry 2008 K. Cassibry, Provincial Patrons and Commemorative Rivalries. Rethinking the Roman Arch Monument, Mouseion 8, 2008, 417–450

Colpaert 2014 S. Colpaert, Euergetism and the Gift, in: F. Carlà – M. Gori (Hrsg.), Gift Giving and the 'embedded' Economy in the Ancient World (Heidelberg 2014) 181–201

Cordes 2017 L. Cordes, Kaiser und Tyrann. Die Kodierung und Umkodierung der Herrschaftsrepräsentation Neros und Domitians (Berlin 2017)

Czysz 2013 W. Czysz, Zwischen Stadt und Land – Gestalt und Wesen römischer Vici in der Provinz Raetien, in: A. Heising (Hrsg.), Neue Forschungen zu zivilen Kleinsiedlungen (vici) in den römischen Nordwest-Provinzen. Akten der Tagung Lahr 2010 (Bonn 2013) 261–377

Dautova-Ruševljan 1983 V. Dautova-Ruševljan, Rimska kamena plastika *u* jugoslovenskom delu provincije Donje Panonije (Novi Sad 1983)

Derks 1998 T. Derks, Gods, Temples and Ritual Practices. The Transformation of Religious Ideas and Values in Roman Gaul, Amsterdam Archaeological Studies 2 (Amsterdam 1998)

Diaconescu – Bota 2004 A. Diaconescu – E. Bota, La decoration architectonique et sculptural du *forum vetus* de Sarmizegetusa: Origine, evolution et chronologie, ActaMusNapoca 39/40,1 (2002/03), 2004, 155–196

Dodt 2001 M. Dodt, Römische Badeanlagen in Köln, KJb 34, 2001, 269–331

Dolata 2022 J. Dolata, Der topographische Kontext der großen Mainzer Jupitersäule – Geschichte, Bedeutung und Rezeption, in: E. Riemer (Hrsg.), Die große Mainzer Jupitersäule. Archäologie, Geschichte und Restaurierung (Oppenheim am Rhein 2022) 54–78

Domes 2007 I. Domes, Darstellung der Africa. Typologie und Ikonographie einer römischen Provinzpersonifikation (Rahden/Westf. 2007)

Dondin-Payre 2001 M. Dondin-Payre, Onomastique dans les cités de Gaule centrale, in: M. Dondin-Payre – M.-Th. Raepsaet-Charlier (Hrsg.), Noms, Identités culturelles et romanisation sous le Haut-Empire (Bruxelles 2001) 193–341

Doneus u. a. 2013 M. Doneus – C. Gugl – N. Doneus, Die Canabae von *Carnuntum* – eine Modellstudie der Erforschung römischer Lagevorstädte. Von der Luftbildprospektion zur siedlungsarchäologischen Synthese, Der römische Limes in Österreich 47 (Wien 2013)

Dorka Moreno 2021 M. Dorka Moreno, Statuenschemata der ‚Idealplastik' aus *Augusta Treverorum* (Trier), in: Lipps u. a. 2021b, 123–137

Dorka Moreno u. a. 2021 M. Dorka Moreno – J. Griesbach – J. Lipps, „You are all individuals!" Towards a phenomenology of sculpture production in the Roman provinces, in: J. Lipps – M. Dorka Moreno – J. Griesbach (Hrsg.), Appropriation Processes of Statue Schemata in the Roman Provinces, MAPA 1 (Wiesbaden 2021) 1–19

Eck 2016 W. Eck, Sarapis und die *legio VI Ferrata*. Die Weihung einer Sarapisbüste für das Wohl des Kaisers, ZPE 198, 2016, 211–217

Eckhart 1976 L. Eckhart, Die Skulpturen des Stadtgebietes von Lauriacum, CSIR Österreich III,2 (Wien 1076)

Eingartner u. a. 1993 J. Eingartner - P. Eschbaumer - G. Weber, Der römische Tempelbezirk in Faimingen-Phoebiana, Limesforschungen 24 (Mainz 1993)

Espérandieu VII–X (1907–1981) É. Espérandieu, Recueil général des bas-reliefs, statues et bustes de la Gaule romaine, 16 Bde.: VII. Gaule germanique, Germanie supérieure; VIII. Gaule germanique, Germanie inférieure; X,2. Recueil général des bas-reliefs, statues et bustes de la Germanie romaine. Complément du recueil général des bas-reliefs, statue (Paris 1907–1981)

Étienne u. a. 2004 A. Étienne – I. Piso – A. Diaconescu, Les fouilles du forum vetus de Sarmizegetusa. Rapport général, ActaMusNapoca 39/40,1 (2002/03), 2004, 59–154

Euskirchen 2015 M. Euskirchen, Erotisierung weiblicher Götter in der mittleren Kaiserzeit, in: D. Boschung – A. Schäfer (Hrsg.), Römische Götterbilder der mittleren und späten Kaiserzeit, Morphomata 22 (Paderborn 2015) 197–216

Fasold 2011 P. Fasold, Die Bestattungsplätze des römischen Militärlagers und Civitas-Hauptortes *Nida*: Frankfurt am Main-Heddernheim und -Praunheim, Schriften des Archäologischen Museums Frankfurt 20/1 (Frankfurt a. M. 2011) 259–276

Fasold 2019 P. Fasold, Die Römer in Frankfurt (Regensburg 2019)

Fasold u. a. 2016 P. Fasold – A. Hampel – M. Scholz – M. Tabaczek, Der römische Bestattungsplatz von Frankfurt am Main-Zeilsheim (Regensburg 2016)

Ferraudi-Gruénais – Ludwig 2017 F. Feraudi-Gruénais – R. Ludwig (Hrsg.), Die Heidelberger Römersteine. Bildwerke, Architekturteile und Inschriften im Kurpfälzischen Museum Heidelberg (Heidelberg 2017)

Filtzinger 1980 Ph. Filtzinger, Hic saxa loquuntur – Hier reden die Steine (Aalen 1980)

Filtzinger 1986 Ph. Filtzinger (Hrsg.), Die Römer in Baden-Württemberg [3](Stuttgart 1986)

Fischer – Hanel 2003 Th. Fischer – N. Hanel, Neue Forschungen zum Hauptstützpunkt der Classis Germanica in Köln-Marienburg (Alteburg), KölnJb 36, 2003, 567–585

Fittschen – Zanker 1983 K. Fittschen – P. Zanker, Katalog der römischen Porträts in den Capitolinischen Museen und den anderen kommunalen Sammlungen der Stadt Rom III, Kaiserinnen- und Prinzessinnenbildnisse; Frauenporträts (Mainz 1983)

Flecker 2021 M. Flecker, Transport – Aneignung – Transformation. Augusteisches Tafelgeschirr und seine Bilder zwischen Italien und den Nordwestprovinzen, in: A. Haug – M. Flecker (Hrsg.), Bildwanderungen – Bildtransporte. Die augusteische Bilderwelt jenseits der Alpen (Regensburg 2021) 49–68

Frenz 1981 H. G. Frenz, Der Ehrenbogen des Dativius Victor zu Mainz und seine neue Rekonstruktion, BerRGK 62, 1981, 219–260

Frenz 1988 H. G. Frenz, Der römische Ehrenbogen von Mainz-Kastel, Stadt Wiesbaden. Ein imperiales Monument der frühen Kaiserzeit „apud ripam Rheni“, Archäologische Denkmäler in Hessen 76 (Wiesbaden 1988)

Frenz 1989a H. G. Frenz, Zur Zeitstellung des römischen Ehrenbogens von Mainz-Kastel, AKorrBl 19, 1989, 69–75

Frenz 1989b H. G. Frenz, Mainz-Kastel. Nachtrag 1989, JRA 2, 1989, 416

Frenz 1989/90 H. G. Frenz, Zu den Skulpturen des Ehrenbogens von Mainz-Kastel, MAGesStei 3/4, 1989/90, 44–58

Frenz 1992a H. G. Frenz, Bauplastik und Porträts aus Mainz und Umgebung, CSIR Deutschland II,7 (Bonn 1992)

Frenz 1992b H. G. Frenz, Denkmäler römischen Götterkultes aus Mainz und Umgebung CSIR Deutschland II,4 (Mainz 1992)

Frézouls 1984 E. Frézouls, Evergétisme et construction urbaine dans les Trois Gaules et les Germanies, Revue du Nord 1984, 27–54

Freyer-Schauenburg 2017 B. Freyer-Schauenburg, Zu zwei Nymphenreliefs von Samos und ihrer Weiterverwendung im sepulkralen Bereich, in: A. Diler – C. Işık (Hrsg.), Basileus. 50. Yılında Kaunos/kbid. 50th Anniversary of Caunos/kbid (Ankara 2017) 196–209

Gabelmann 1972 H. Gabelmann, Die Typen der römischen Grabstelen am Rhein, BjB 172, 1972, 65–67

Gabelmann 1979 H. Gabelmann, Die Frauenstatue aus Aachen-Burtscheid, BjB 179, 1979, 209–250

Gairhos 2008 S. Gairhos, Stadtmauer und Tempelbezirk von Sumelocenna. Die Ausgrabungen 1995–99 in Rottenburg am Neckar, Flur ‚Am Burggraben', FBerBadWürt 104 (Stuttgart 2008)

Galsterer 2010 B. u. H. Galsterer, Die römischen Steininschriften aus Köln, IKöln 2/Kölner Forschungen 10 (Mainz 2010)

Gering 2012 J. Gering, Domitian, dominus et deus? Herrschafts- und Machtstrukturen im Römischen Reich zur Zeit des letzten Flaviers, Osnabrücker Forschungen zu Altertum und Antike-Rezeption 15 (Rahden 2012)

Gerster 1938 E. Gerster, Mittelrheinische Bildhauerwerkstätten im 1. Jh. n. Chr. (Bonn 1938)

Gesemann 1998 B. Gesemann, Kultmetamorphosen. Drei ungewöhnliche Monumente des Compitalkultes, Saalburg-Jahrbuch 49, 1998, 95–98

Gordon 2010 R. Gordon, Rez. zu Huld-Zetsche, Klio 92, 2010, 253–256

Gorecki 2019 J. Gorecki, „Mos stipis". Die Sitte des Geldopfers. Zu den Münzvotiven aus dem Heiligtum für Isis und Mater Magna in Mainz, in: St. Krmnicek – J. Chameroy (Hrsg.), Money Matters. Coin Finds and Ancient Coin Use (Bonn 2019) 209–224

Gose 1972 E. Gose, Der Gallo-römische Tempelbezirk im Altbachtal zu Trier, hrsg. von R. Schindler, Trierer Grabungen u. Forsch. 7 (Mainz 1972)

Gregarek 2001 H. Gregarek, Denkmäler aus dem Militärareal der Germanischen Flotte in Köln-Marienburg (Alteburg), KölnJb 34, 2001, 539–612

Griesbach 2021a J. Griesbach, 2. Weihdenkmäler, e. Weitere Weihedenkmäler (und ungesicherte Fragmente), in: Lipps u. a. 2021a, 512–593

Griesbach 2021b J. Griesbach, Apollonia und seine Skulpturen. Eine geographische Schnittstelle mit sozialer Schere?, in: Lipps u. a. 2021b, 155–174

Groff 2022 T. Groff, Die 22. Legion, der Rhein und die Binnenschifffahrt, in: Mainzer Zeitschrift 117, 2022, 57–82

Gudea 2013 N. Gudea, Der Limes der Provinz Pannonia inferior (106–294 n. Chr.), JbRGZM 60/2, 2013, 459–658

Günther 2018 S. Günther, Sklaven und Freigelassene und ihre Bedeutung für die römische Wirtschaft im Rheinland, in: C. Eger (Hrsg.), Warenwege – Warenflüsse. Handel, Logistik und Transport am römischen Niederrhein, Xantener Berichte 32 (Xanten 2018) 89–108

Hainzmann 2019 M. Hainzmann, Zu den lateinischen Begriffen Imago und Simulacrum, in: T. G. Schattner – A. Guerra (Hrsg.), Das Antlitz der Götter – O rosto das divindades. Götterbilder im Westen des Römischen Reiches – Imagens de divindades no Ocidente do Império romano, Iberia Archaeologica 20 (Wiesbaden 2019) 61–78

Halfmann 1986 H. Halfmann, Itinera principum. Geschichte und Typologie der Kaiserreisen im Römischen Reich (Stuttgart 1986)

Hanel 2000 N. Hanel, Militärische Thermen in Niedergermanien – Eine Bestandsaufnahme, in: V. García Entero (Hrsg.), Termas romanas en el occidente del Imperio. II Coloquio Internacional de Arqueología en Gijón 1999 (Gijón 2000) 23–33

Hamacher 2021 K. Hamacher, Germania capta. Germanien als Faktor der Repräsentations- und Legitimationsstrategie der Flavier (Berlin 2021)

Heger 1975 N. Heger, Die Skulpturen des Stadtgebietes von Iuvavum, CSIR Österreich III,1 (Wien 1975)

Heinemann 2017 A. Heinemann, Alte Zeichen an neuen Himmeln. Augusteische Bildsprache nach Augustus, in: M. Flecker – S. Krmnicek – J. Lipps – R. Posamentir – Th. Schäfer (Hrsg.), Augustus ist tot. Lang lebe der Kaiser!, Kolloquium 2014 in Tübingen, TAF 24 (Rahden/Westf. 2017) 513–557

Heising 2007 A. Heising, Figlinae Mogontiacenses. Die römischen Töpfereien von Mainz, Ausgrabungen und Forschungen 3 (Remshalden 2007)

Heising 2008 A. Heising, Die römische Stadtmauer von Mogontiacum – Mainz. Archäologische, historische und numismatische Aspekte zum 3. und 4. Jahrhundert n. Chr. (Bonn 2008)

Heising 2012 A. Heising, Mogontiacum/Mainz im dritten Viertel des 3. Jahrhunderts. Ein quellenkritischer Forschungsbericht, in: T. Fischer (Hrsg.), Die Krise des 3. Jahrhunderts n. Chr. und das Gallische Sonderreich. Akten des Interdisziplinären Kolloquiums Xanten 26. bis 28. Februar 2009 (Wiesbaden 2012) 151–196

Heising 2013 A. Heising, Die Zeit der Severer in Obergermanien und Raetien, in: Archäologisches Landesmuseum Baden-Württemberg (Hrsg.), Caracalla. Kaiser, Tyrann, Feldherr, Zaberns Bildbände zur Archäologie; Sonderbände der Antiken Welt (Mainz 2013) 53–70

Henig 1993 M. Henig, Roman sculpture from the Cotswold region with Devon and Cornwall, CSIR Groß Britannien I,7 (Oxford 1993)

Herz 2001 P. Herz, Das römische Heer und der Kaiserkult in Germanien, in: W. Spickermann – H. Cancik – J. Rüpke (Hrsg.), Religion in den germanischen Provinzen Roms (Tübingen 2001) 91–116

von Hesberg 1999 H. von Hesberg, Gestaltungsprinzipien römischer Militärarchitektur, in: H. von Hesberg (Hrsg.), Das Militär als Kulturträger in römischer Zeit (Köln 1999) 87–115

von Hesberg 2003 H. von Hesberg, Eine erotische Gruppe aus Köln, in: P. Noelke – F. Naumann-Steckner – B. Schneider (Hrsg.), Romanisation und Resistenz in Plastik, Architektur und

Inschriften der Provinzen des Imperium Romanum. Neue Funde und Forschungen. Akten des 7. Internationalen Kolloquiums über Probleme des provinzialrömischen Kunstschaffens, Köln 2001 (Mainz 2003) 173–189

Hölscher 1967 T. Hölscher, Victoria Romana. Archäologische Untersuchungen zur Geschichte und Wesensart der römischen Siegesgöttin von den Anfängen bis zum Ende des 3. Jhs. n. Chr. (Mainz 1967)

Hölscher 2012 T. Hölscher, ›Präsentativer Stil‹ im System der römischen Kunst, in: F. de Angelis – J. A. Dickmann – F. Pirson – R. von den Hoff (Hrsg.), Kunst von unten? Stil und Gesellschaft in der antiken Welt von der ›arte plebea‹ bis heute. Internationales Kolloquium anlässlich des 70. Geburtstages von Paul Zanker (Wiesbaden 2012) 27–58

von den Hoff 2019 R. von den Hoff, Einführung in die Klassische Archäologie (München 2019)

Hofmann 1905 H. Hofmann, Römische Militärgrabsteine der Donauländer, Sonderschriften des Österreichischen Archäologischen Instituts in Wien 5 (Wien 1905)

Horn 1974 H. G. Horn, Drei römische Bronzen in Privatbesitz, BJb 102, 1974, 179–220

Horn 1987 H. G. Horn, Bilddenkmäler des Matronenkultes im Ubiergebiet, in: Matronen und verwandte Gottheiten. Ergebnisse eines Kolloquiums veranstaltet von der Göttinger Akademiekommission für die Altertumskunde Mittel- und Nordeuropas, BJB Beih. 44 (Köln 1987) 31–54

Hornung 2011 S. Hornung, Luxus auf dem Lande. Die römische Palastvilla von Bad Kreuznach. Mit einem Beitrag von Rüdiger Gogräfe (Bad Kreuznach 2011)

Horster 2015 M. Horster, Urban Infrastructure and Euergetism Outside Rome, in: C. Bruun – J. Edmondson (Hrsg.), The Oxford Handbook of Roman Epigraphy (Oxford 2015) 515–536

Huld-Zetsche 2008 I. Huld-Zetsche, Der Mithraskult in Mainz und das Mithräum am Ballplatz, Mainzer Archäologische Schriften 7 (Mainz 2008)

Jahn 1984 J. Jahn, Zur Entwicklung römischer Soldzahlungen von Augustus bis auf Diokletian (Berlin 1984)

Johne 2006 K.-P. Johne, Die Römer an der Elbe. Das Stromgebiet der Elbe im geographischen Weltbild und im politischen Bewusstsein der griechisch-römischen Antike (Berlin 2006)

Johns 2003 C. Johns, Romano-British Sculpture: intention and execution, in: P. Noelke – F. Naumann-Steckner – B. Schneider (Hrsg.), Romanisation und Resistenz in Plastik, Architektur und Inschriften der Provinzen des Imperium Romanum. Neue Funde und Forschungen. Akten des 7. internationalen Kolloquiums über Probleme des provinzialrömischen Kunstschaffens, Köln 2001 (Mainz 2003) 27–38

Jung 2009 P. Jung, Die römische Nordwestsiedlung („Dimesser Ort“) von Mainz. Ein Beitrag zur Siedlungsgeschichte von Mogontiacum, Universitätsschriften zur prähistorischen Archäologie 175 (Bonn 2009)

Jung 2013 P. Jung, Mainz und Xanten – Aspekte der Siedlungstopographie zweier rheinischer Legionslagerstandorte im Vergleich. Ber. Arch. Rheinhessen u. Umgebung 6, 2013, 47–60

Kähler 1935 H. Kähler, Ein römisches Siegesdenkmal in Mainz, Germania 15, 1931, 20–28

Kakoschke 2002 A. Kakoschke, Ortsfremde in den römischen Provinzen Germania inferior und Germania superior: eine Untersuchung zur Mobilität in den germanischen Provinzen anhand der Inschriften des 1. bis 3. Jahrhunderts n. Chr. (Möhnesee 2002)

Kakoschke 2005 A. Kakoschke, Ein Afrikaner in *Nida*? Zur Inschrift CIL XIII 7336 aus Frankfurt-Heddernheim, Klio 87, 2005, 139–153

Kakoschke 2021a A. Kakoschke, Die Personennamen in den römischen Provinzen Germania inferior und Germania superior. Band 1: Gentilnomina ABILIUS-VOLUSIUS [2](Göttingen 2021)

Kakoschke 2021b A. Kakoschke, Die Personennamen in den römischen Provinzen Germania inferior und Germania superior. Band 2, 1: Cognomina ABAIUS-LYCHNIS [2](Göttingen 2021)

Kakoschke 2021c A. Kakoschke, Die Personennamen in den römischen Provinzen Germania inferior und Germania superior. Band 2, 2: Cognomina MACCAUS-ZYASCELIS [2](Göttingen 2021)

Karl 2021 S. Karl, Das römerzeitliche Marmorsteinbruchrevier Spitzelofen in Kärnten, FÖBeiheft 1 (Wien 2021)

Karl – Bayer 2021 S. Karl – P. Bayer, Bericht zum Survey Spitzelofen 2021 (o. O. 2021). URL: <https://www.researchgate.net/publication/360064917_Bericht_zum_Survey_Spitzelofen_2021_-_Mnr_771302102> (letzter Zugriff: 24. Januar 2023)

Kiernan 2020 Ph. Kiernan, Roman cult image: the lives and worship of idols, from the Iron Age to late antiqity (Cambridge 2020)

Klöckner 1997 A. Klöckner, Poseidon und Neptun. Zur Rezeption griechischer Götterbilder in der römischen Kunst (Saarbrücken 1997)

Klöckner 2019 A. Klöckner, Wie wird ein Bild zum Gott? Zur Medialität kaiserzeitlicher Götterbilder, in: Th. G. Schattner – M. Amílcar Guerra (Hrsg.), Das Antlitz der Götter – O rosto das divindades, IA 20 (Wiesbaden 2019) 79–97

Klumbach 1973 H. Klumbach, Der römische Skulpturenfund von Hausen an der Zaber (Stuttgart 1973)

Knell 1993 H. Knell, Die Aphrodite von Capua und ihre Repliken, Antike Plastik 22 (München 1993) 117–139

Knell 1994 H. Knell, Statue einer Aphrodite im Typus Capua (Inv.-Nr. 733), in: P. C. Bol (Hrsg.), Forschungen zur Villa Albani. Katalog der antiken Bildwerke, IV. Bildwerke im Kaffeehaus (Berlin 1994) 165–169

Knoll u. a. 2011 K. Knoll – Ch. Vorster – M. Woelk (Hrsg.), Skulpturensammlung, Staatliche Kunstsammlungen Dresden. Katalog der antiken Bildwerke II, Idealskulptur der römischen Kaiserzeit 1 (München 2011)

Koçak 2013 M. Koçak, Aphrodite am Pfeiler. Studien zu aufgestützten/angelehnten weiblichen Figuren der griechischen Marmorplastik (Istanbul 2013)

Koçak – Kreikenbom 2023 M. Koçak – D. Kreikenbom (Hrsg.), Sculptures from Roman Syria II. The Greek, Roman and Byzantine Marble Statuary (Berlin 2023)

Kohlert-Németh 2001 M. Kohlert-Németh, Metamorphose eines Strassengenius aus Nida-Heddernheim, in: T. A. S. M. Panhuysen (Hrsg.), Die Maastrichter Akten des 5. Internationalen Kolloquiums über das provinzialrömische Kunstschaffen, Maastricht 1997 (Maastricht 2001) 245–255

Kortüm 2017 K. Kortüm, Architekturbeispiele aus Obergermanien: Der Apollo-Grannus-Tempel von Neuenstadt am Kocher und die Fassade eines Villengebäudes in Hechingen-Stein, in: J. Lipps (Hrsg.) zusammen mit K. Kortüm – C.S. Sommer, Transfer und Transformation römischer Architektur in den Nordwestprovinzen, Kolloquium 2015 in Tübingen, TAF 22 (Rahden/Westf. 2017) 225–240

Kortüm – Lauber 2004 K. Kortüm – J. Lauber, Walheim I. Das Kastell II und die nachfolgende Besiedlung, Forschung und Berichte zur Vor- u. Frühgeschichte in Baden-Württemberg 95 (Stuttgart 2004)

Kousser 2006 R. Kousser, Conquest and Desire: Victoria in Public and Provincial Sculpture, in: Sh. Dillon – K. E. Welch (Hrsg.), Representations of War in Ancient Rome (Cambridge 2006) 218–243

Kousser 2008 R. Kousser, Hellenistic and Roman Ideal Sculpture (Cambrige 2008)

Kowalczyk 2016 G. Kowalczyk, Art und Herkunft des Grabbaus von Frankfurt am Main-Zeilsheim, in: P. Fasold – A. Hampel – M. Scholz – M. Tabaczek (Hrsg.), Der römische Bestattungsplatz von Frankfurt am Main-Zeilsheim – Grabbau und Gräber der provinzialen Oberschicht, Schriften des Archäologischen Museums Frankfurt 26 (Regensburg 2016) 237–244

Krause 1989 B. H. Krause, Trias Capitolina. Ein Beitrag zur Rekonstruktion der hauptstädtischen Kultbilder und deren statuentypologischer Ausstrahlung im Römischen Weltreich, Diss. Univ. Trier 1981 (Trier 1989)

Kremer 2012 G. Kremer, Götterdarstellungen, Kult- und Weihedenkmäler aus *Carnuntum*. CSIR *Carnuntum* Suppl. 1 (Wien 2012)

Kremer 2015 G. Kremer, Synkretische Neukompositionen von Götterbildern im norisch-pannonischen Raum, in: D. Boschung – A. Schäfer (Hrsg.), Römische Götterbilder der mittleren und späten Kaiserzeit, Morphomata 22 (Paderborn 2015) 259–285

Kremer 2021 G. Kremer, Iuppiter Capitolinus – Iuppiter Karnuntinus, in: Lipps u. a. 2021b, 139–153

Kreuz 2021 P.-A. Kreuz, ‚Kaiserliche Bildwerke'. Das Beispiel des Tiberius-Pfeilers aus Nijmegen, in: A. Haug – M. Flecker (Hrsg.), Bildwanderungen – Bildtransporte. Die augusteische Bilderwelt jenseits der Alpen (Regensburg 2021) 149–164

Krüger 1970 M.-L. Krüger, Die Reliefs des Stadtgebietes von *Carnuntum*, I. Teil: Die figürlichen Reliefs, CSIR Österreich I,3 (Wien 1970)

Krüger 1972 M.-L. Krüger, Die Reliefs des Stadtgebietes von *Carnuntum*. II. Teil: Die dekorativen Reliefs (militärische Ausrüstungsgegenstände, tierische oder vegetabile Ornamente), CSIR Österreich I,4 (Wien 1972)

Künzl 1975 E. Künzl, Alzey und Umgebung, CSIR Deutschland II,1 (Bonn 1975)

Künzl 2002 [1982] E. Künzl, Religion und Kunst, in: D. Baatz – F.-R. Herrmann (Hrsg.), Die Römer in Hessen (Stuttgart 1982 / Reprint Hamburg 2002) 157–209

Künzl 2010 E. Künzl, Die Zwölfgötter von Rohrdorf. Ein Heiligtum im Saltus Sumelocennensis von Marcus Aurelius bis Caracalla, FundBadWü 31, 2010, 449–560

Kunckel 1974 H. Kunckel, Der römische Genius, RM 20. Ergh. (Heidelberg 1974)

Kušan Špalj 2015 D. Kušan Špalj, Aquae Iasae – A Centre of Health, Cult and Oracle, in: Arheološki muzej u Zagrebu (Hrsg.), Aquae Iasae. Nova otkrića iz rimskog razdoblja na području Varaždinskih Toplica. Recent discoveries of Roman Remains in the Region of Varaždinske Toplice (Zagreb 2015) 82–106

Kutsch 1930 F. Kutsch, Eine Mainzer Bildhauerwerkstätte claudischer Zeit, in: Schumacher Festschrift. Zum 70. Geburtstag Karl Schumachers (Mainz 1930) 270–279

Lang 2002 F. Lang, Klassische Archäologie. Eine Einführung in Methode, Theorie und Praxis (Tübingen 2002)

Laufer 2014 E. Laufer, Das große Matronenfragment aus St. Gereon. Zur ikonographischen Tradition der ubischen Matronentrias und zur CCAA als Standort des Kultes, KuBA 2014, 179–194

Lebek 1989 W. D. Lebek, Die Mainzer Ehrungen für Germanicus, den älteren Drusus und Domitian (Tab. Siar. frg. I 26–34; Suet. Claud. 1,3), ZPE 78, 1989, 45–82

Lehmann – von Hesberg 2021 J. Lehmann – H. von Hesberg, Fischer, Landleute und andere Genrefiguren in den Provinzen der iberischen Halbinsel, in: Lipps u. a. 2021b, 93–121

Lehner 1917 H. Lehner, Das Provinzialmuseum in Bonn 2. Die römischen und fränkischen Skulpturen (Bonn 1917)

Levick 2017 B. Levick, Vespasian, [2](London 2017)

Liertz 1998 U.-M. Liertz, Kult und Kaiser. Studien zu Kaiserkult und Kaiserverehrung in den germanischen Provinzen und der Gallia Belgica zur römischen Zeit, Acta Instituti Romani Finlandiae 20 (Rom 1998)

Lipps – Berthold 2021 J. Lipps – Ch. Berthold, Zur Polychromie der Mannheimer Römersteine, in: Lipps u. a. 2021a, 191–197

Lipps u. a. 2021a J. Lipps – St. Ardeleanu – J. Osnabrügge – Ch. Witschel, Die römischen Steindenkmäler in den Reiss-Engelhorn-Museen Mannheim, Mannheimer Geschichtsblätter Sonderveröffentlichung 14 (Mannheim 2021)

Lipps u. a. 2021b J. Lipps – M. Dorka Moreno – J. Griesbach (Hrsg.), Appropriation Processes of Statue Schemata in the Roman Provinces / Aneignungsprozesse antiker Statuenschemata in den römischen Provinzen, MAPA 1 (Wiesbaden 2021)

Lipps 2023 J. Lipps, Positionen und Perspektiven zur Erforschung antiker Skulptur, in: S. Krmnicek – D. Maschek (Hrsg.), Römische Archäologie in Deutschland. Positionsbestimmung und Perspektiven (Heidelberg 2023) 91–122

Lockau 2017 J. Lockau, Steindenkmäler der römischen Kaiserzeit in der Germania superior mit Hinweisen auf einen Beruf (Aachen 2017)

Luci 2022 F. Luci, Epigraphic Strategies of Communication: the Visual Accusative of Roman Republican Dedications of Spoils, in: E. H. Cousins, Dynamic Epigraphy. New Approaches to Inscriptions (Oxford 2022) 95–120

Ludwig 2017 R. Ludwig, Rom am Rande des Imperiums: das antike Heidelberg, in: Ferraudi-Gruénais – Ludwig 2017, 13–16

Ludwig – Noelke 2009 R. Ludwig – P. Noelke, Eine neue Jupitergigantensäule aus Heidelberg, in: J. Biel – J. Heiligmann – D. Krause (Hrsg.), Landesarchäologie. Festschrift für Dieter Planck, Forschungen und Berichte zur Vor- und Frühgeschichte in Baden-Württemberg 100 (Stuttgart 2009) 393–424

Lo Monaco 2014 A. Lo Monaco, Il rilievo della Salus dalla Villa di Erode Attico, RM 120, 2014, 243–266

Mägele u. a. 2007 S. Mägele – J. Richard – M. Waelkens, Ein späthadrianisches Nymphäum in Sagalassos (Pisidien, Türkei). Ein Zwischenbericht, IstMitt 57, 2007, 469–504

Maischberger 1997 M. Maischberger, Marmor in Rom: Anlieferung, Lager und Werkplätze in der Kaiserzeit, Palilia 1 (Wiesbaden 1997)

Martin-Kilcher – Witteyer 1998/99 S. Martin-Kilcher – M. Witteyer, Fischsaucenhandel und Rheinufertopographie in Mogontiacum. Zu einer Gruppe südspanischer Amphoren im topographischen Kontext, Mainzer Archäologische Zeitschrift 5/6, 1998/99, 45–122

Marwood 1988 M. A. Marwood, The Roman Cult of Salus, BARIntSer 465 (Oxford 1988)

Marx 1898 F. Marx, Der Bildhauer C. Avianius Enander und Ciceros Briefe, in: K. Masner (Hrsg.), Festschrift Otto Benndorf (Wien 1898) 37–48

Matejivić 2022 K. Matijević, Weihe- und Bestattungspraxis von ‚fremden' Militärs in Obergermanien, in: K. Matijević – R. Wiegels (Hrsg.), Kultureller Transfer und religiöse Landschaften. Zur Begegnung zwischen Imperium und Barbaricum in der römischen Kaiserzeit (Berlin 2022) 97–136

Matijević – Wiegels 2004 K. Matijević – R. Wiegels, Inschriften und Weihedenkmäler des Römischen Dieburg, Saalburg Jahrb. 54, 2004, 197–258

Mattern 1999 M. Mattern, Die Römischen Steindenkmäler des Stadtgebiets von Wiesbaden und der Limesstrecke zwischen Marienfels und Zugmantel, CSIR Deutschland II,11 (Mainz 1999)

Mattern 2001 M. Mattern, Römische Steindenkmäler vom Taunus- und Wetteraulimes mit Hinterland zwischen Heftrich und Grosskrotzenburg, CSIR Deutschland II,12 (Mainz 2001)

Mattern 2005a M. Mattern, Römische Steindenkmäler aus Hessen südlich des Mains sowie vom bayerischen Teil des Mainlimes, CSIR Deutschland II,13 (Mainz 2005)

Mattern 2005b M. Mattern, Römische Steindenkmäler aus dem Landkreis Mainz-Bingen, CSIR Deutschland II,14 (Mainz 2005)

Mayer-Reppert 2005 P. Mayer-Reppert, Zivilisten an der oberen Donau – Die „Canabenses" von Brigobannis/Hüfingen (Schwarzwald-Baar-Kreis, Baden-Württemberg, D), in: Z. Visy (Hrsg.), Limes XIX. Proceedings of the XIX[th] International Congress of Roman Frontier Studies held in Pécs, Hungary, September 2003 (Pécs 2005) 337–349

Meier-Arendt 1983 W. Meier-Arendt, Römische Steindenkmäler aus Frankfurt am Main. Auswahlkatalog (Frankfurt a. M. 1983)

Menzel 1966 H. Menzel, die römischen Bronzen aus Deutschland II. Trier (Mainz 1966)

Meyr – Flügel 2016 M. Meyr – C. Flügel, Rom auch am Limes? Aspekte von Urbanitas in römischen Militärsiedlungen, Saalburg-Jahrbuch 59, 2016, 149–190

Moltesen 2000 M. Moltesen, The Esquiline Group: Aphrodisian Statues in the Ny Carlsberg Glyptotek, Antike Plastik 27, 2000, 111–129

Moltesen u. a. 2002 M. Moltesen – J. Fejfer – J. Lund – L. Leegard – B. Lundgreen – An M. Nielsen (Hrsg.), Imperial Rome: Catalogue, Ny Carlsberg Glyptothek 2, Statues (Kopenhagen 2002)

Nagy 1994 LIMC VII (1994) 779–781 s. v. Sirona (A. M. Nagy)

Nesselhauf – Strocka 1967 H. Nesselhauf – V. M. Strocka, Weihedenkmäler aus Öhringen, Fundberichte Schwaben NF 18/1, 1967, 112–131

Neumann 1967 A. Neumann, Die Skulpturen des Stadtgebietes von Vindobona, CSIR Österreich I,1 (Wien 1967)

Neumann 1972 A. Neumann, Vindobona. Dir römische Vergangenheit Wiens (Wien 1972)

Noelke 1981 P. Noelke, Die Jupitersäulen und -pfeiler in der römischen Provinz Germania inferior, in: G. Bauchhenß – P. Noelke (Hrsg.), Die Jupitersäulen in den germanischen Provinzen, BJb Beih. 41 (Köln 1981) 263–515

Noelke 1990 P. Noelke, Ara et aedicula. Zwei Gattungen von Votivdenkmälern in den germanischen Provinzen, BJb 190, 1990, 79–124

Noelke 2006 P. Noelke, Bildhauerwerkstätten im römischen Germanien. Möglichkeiten und Grenzen ihres Nachweises, BJb 206, 2006, 87–144

Noelke 2010/11 P. Noelke, Neufunde von Jupitersäulen und -pfeilern in der Germania inferior seit 1980 nebst Nachträgen zum früheren Bestand, BJb 210/211, 2010/11, 149–374

Noelke 2011 P. Noelke, Weihaltäre mit Opferdarstellungen und -bezügen in der Germania Inferior und den übrigen Nordwestprovinzen des Imperium Romanum, JbRGZM 58/2 2011, 467–590

Noelke 2012 P. Noelke, Kaiser, Mars oder Offizier? Eine Kölner Panzerstatue und die Gattung der Ehrenstatuen, JbRGZM 59, 2012, 391–512

Noelke 2020/21 P. Noelke, Die Jupitersäulen und die übrigen Gattungen der Votivplastik in der Civitas Ulpia Sueborum Nicrensium und ihr Kontext in der Provincia Germania superior, BerRGK 101/102 (2020/21) [angenommen]

Noelke 2021 P. Noelke, Weihedenkmäler, Jupitersäulen aus der Germania superior, in: Lipps u. a. 2021a, 352–439

Oakley 1997 LIMC VIII 2 (1997) 386–388 s. v. Hesione (J. H. Oakley)

Olmsted 1994 G. Olmsted, The Gods of the Celts and the Indo-Europeans (Budapest 1994)

Osnabrügge 2021 J. Osnabrügge, Der Altar für die kapitolinische Trias aus Mainz (CIL XIII 6727). Beobachtungen zu Monument, Fund- und Forschungsgeschichte, in: Lipps u. a. 2021a, 151–171

Osnabrügge, im Druck J. Osnabrügge, Die Epigraphische Kultur an Oberrhein und Neckar in römischer Zeit, HABES 66 (im Druck)

Panter 2007 A. Panter, Der Drususstein in Mainz und dessen Einordnung in die römische Grabarchitektur seiner Erbauungszeit, Mainzer Archäologische Schriften 6 (Mainz 2007)

Paret 1925 O. Paret, Ein großer Fund römischer Bildwerke in Cannstatt, Germania 9, 1925, 1–14

von Petrikovits 1981 RGA 4 (1981) 324–329 s. v. Canabae legionis (H. von Petrikovits)

Pferdehirt u. a. 2012 B. Pferdehirt – J. Kracker – M. Scholz, Neubürger mit Begeisterung? Die Auswirkungen der Constitutio Antoniniana auf das Individuum, in: B. Pferdehirt – M. Scholz (Hrsg.), Bürgerrecht und Krise. Die Constitutio Antoniniana 212 n. Chr. und ihre innenpolitischen Folgen, Mosaiksteine. Forschungen am Römisch-Germanischen Zentralmuseum 9 (Mainz 2012) 59–75

Pietsch 1983 M. Pietsch, Die römischen Eisenwerkzeuge von Saalburg, Feldberg und Zugmantel, Saalburg Jahrbuch 39, 1983, 5–132

Piso 1991 I. Piso, Die Inschriften vom Pfaffenberg und der Bereich der Canabae legionis, Tyche 6, 1991, 131–169

Reis 2017 A. Reis, Stein und Main – Abbau, Weiterverarbeitung und Transport von Stein am Mainlimes, in: M. Klein-Pfeuffer – M. Mergenthaler (Hrsg.), Frühe Main Geschichte. Archäologie am Fluss. Begleitband zur Ausstellung 2017 im Knauf-Museum Iphofen (Mainz 2017) 159–168

Rabold 1995 B. Rabold, Das Bad Kreuznacher Oceanusmosaik. Neue Aspekte zu Handel und Verkehr im Mainzer Großraum, AKorrBl 25, 1995, 221–232

Riemer 2022 E. Riemer (Hrsg.), Die große Mainzer Jupitersäule. Archäologie, Geschichte und Restaurierung (Mainz 2022)

Ronke 2009 J. Ronke, Polychrome Provinz. Eine Spurensuche. Bemerkungen zu einem Weihrelief aus Güglingen-Frauenzimmern, Baden-Württemberg (D), Fundberichte aus Baden-Württemberg 30, 2009, 135–144

Rose 2017 H. Rose, Eine Statue einer Victoria aus Metz-Sablon. Ein visuelles Symbol für urbanitas in der Provinz Gallia Belgica, in: A. W. Busch – J. Griesbach – J. Lipps (Hrsg.), Urbanitas. Urbane Qualitäten. Die antike Stadt als kulturelle Selbstverwirklichung, Kolloquium 2012 in München, RGZM-Tagungen (Mainz 2017) 231–244

Rupprecht 2005 G. Rupprecht, Nierstein MZ, Sirona-Bad, in: H. Cüppers (Hrsg.), Die Römer in Rheinland-Pfalz [2](Hamburg 2005) 509 f.

Rupprecht 2006 G. Rupprecht, Die Fundmünzen der römischen Zeit in Deutschland Abt. IV Rheinland-Pfalz Bd. 1, Nachtrag 1 Stadt Mainz, Mainzer Archäologische Schriften 5 (Mainz 2006)

Saladino 1994 LIMC VII (1994) 657–659 s. v. Salus (V. Saladino)

Salcuni – Formigli 2011 A. Salcuni – E. Formigli, Grandi bronzi romani dall'Italia settentrionale. Brescia, Cividate Camuna e Verona (Bonn 2011)

Saragoza 2003 F. Saragoza, Le Pilier des nautes, redécouverte d'une oeuvre, Archéologia (Dijon) 398, 2003, 15–26

Schäfer 2016 A. Schäfer, Götter, Gaben, Heiligtümer: Römische Religion in Köln (Darmstadt 2016)

Schäfer 2017a A. Schäfer, Die Stadterneuerung des römischen Köln unter Kaiser Domitian, in: J. Lipps (Hrsg.) zusammen mit K. Kortüm und C. S. Sommer, Transfer und Transformation römischer Architektur in den Nordwestprovinzen, Kolloquium 2015 in Tübingen, TAF 22 (Rahden/Westf. 2017) 107–119

Schäfer 2017b A. Schäfer, Ein neuer Stadtprospekt der Colonia Claudia Ara Agrippinensium, in: A. W. Busch – J. Griesbach – J. Lipps (Hrsg.), Urbanitas. Urbane Qualitäten. Die antike Stadt als kulturelle Selbstverwirklichung, Kolloquium 2012 in München, RGZM-Tagungen (Mainz 2017) 183–200

Schäfer 2021 A. Schäfer, Monopteros. Der erste römische Rundtempel mit offener Säulenhalle in Köln, KJb 54, 2021, 347–370

Schauenburg 1981 LIMC I,2 (1981) 626–641 s. v. Andromeda (K. Schauenburg)

Scheer 2000 T. Scheer, Die Gottheit und ihr Bild: Untersuchungen zur Funktion griechischer Kultbilder in Religion und Politik (München 2000)

Scherrer 2007 P. Scherrer, Roms Reichsidee an den Grenzen. Die Verherrlichung von Kaiser Nero als Stellvertreter des Iuppiter in der großen Mainzer Iupitersäule, in: V. Höck – F. Lang – W. Wohlmayr (Hrsg.), Akten zum 2. Österreichischen „Römerstein-Treffem" 2006 in Salzburg (Wien 2007) 143–163

Scherrer 2013 P. Scherrer, Das Ehrenmonument von der Île de la Cité für Kaiser Tiberius – Überlegungen zu den nautae Parisiaci und der historischen Einbettung des Pfeilerdenkmals, in: A. Hofeneder – P. de Bernardo Stempel – M. Hainzmann – N. Mathieu (Hrsg.), Théonymie celtique, cultes, interpretatio – Keltische Theonymie, Kulte, Interpretatio (Wien 2013) 183–192

Schmidt 1968 E. Schmidt, Die Mars-Venus-Gruppe im Museo Capitolino, Antike Plastik 8 (Berlin 1968)

Schmidt-Dick 2002 F. Schmidt-Dick, Typenatlas der römischen Reichsprägung von Augustus bis Aemilianus. Erster Band: Weibliche Darstellungen. NumZ 110 (Wien 2002)

Schmidts 2011 Th. Schmidts, Akteure und Organisation der Handelsschifffahrt in den nordwestlichen Provinzen des Römischen Reiches, Monographien RGZM 97 (Mainz 2011)

Schoch 2009 K. Schoch, Die doppelte Aphrodite – alt und neu bei griechischen Kultbildern (Göttingen 2009)

Schönfelder 2022 M. Schönfelder, Von Symbolen eisenzeitlicher Religion zu Götterfiguren in Heiligtümern. Bemerkungen zur Frage einer longue durée in der Latènekultur, in: B. Nessel – L. Nebelsick (Hrsg.), Quod erat demonstrandum. Vorgeschichtliche Studien Christopher F. E. Pare gewidmet. Universitätsforschungen zur prähistorischen Archäologie 380 (Bonn 2022) 255–264

Schleiermacher 1984 M. Schleiermacher, Römische Reitergrabsteine: die kaiserzeitlichen Reliefs des triumphierenden Reiters (Bonn 1984)

Schollmeyer 2022 P. Schollmeyer, Das Bildprogramm der Großen Mainzer Jupitersäule, in: E. Riemer (Hrsg.), Die große Mainzer Jupitersäule. Archäologie, Geschichte und Restaurierung (Mainz 2022) 54–77

Schröder 2004 St. E. Schröder, Katalog der antiken Skulpturen des Museo del Prado in Madrid 2: Idealplastik (Mainz 2004)

Schröder 2016 F. Schröder, Provinzialrömische Reliefkunst an Mittelrhein und Untermosel vom 1. bis 3. Jahrhundert n. Chr. (Diss. Universität Heidelberg 2014 [online 2016])

Schumacher 1982 L. Schumacher, Römische Kaiser in Mainz im Zeitalter des Principats (27 v. Chr. – 284 n. Chr.) (Bochum 1982)

Selzer 1988 W. Selzer, Römische Steindenkmäler. Mainz in römischer Zeit (Mainz 1988)

Sieler 2013 M. Sieler, Die Arbeit ruft – Zur Mobilität römischer Handwerker, in: D. Schmitz – M. Sieler (Hrsg.), Überall zu Hause und doch fremd. Römer unterwegs. Begleitbuch zur gleichnamigen Ausstellung, Kataloge des LVR-Römermuseums / LVR-Archäologischer Park Xanten 5 (Petersberg 2013) 80–91

Smith 1993 R. R. R. Smith, The Monument of C. Julius Zoilos (Mainz 1993)

Spickermann 2001 W. Spickermann, Die germanischen Provinzen als Feld religionshistorischer Untersuchungen, in: W. Spickermann (Hrsg.), Religion in den germanischen Provinzen Roms, Kolloquium in Bad Homburg 28.–31. Oktober 1998 (Tübingen 2001) 3–47

Spickermann 2003 W. Spickermann, Germania Superior. Religionsgeschichte des römischen Germanien 1, Religion der Römischen Provinzen 2 (Tübingen 2003)

Spickermann 2006 W. Spickermann, Mogontiacum (Mainz) als politischer und religiöser Zentralort der Germania superior, in: H. Cancik – J. Rüpke – W. Spickermann (Hrsg.), Zentralität und Religion, Studien und Texte zu Antike und Christentum 39 (Tübingen 2006) 167–194

Spickermann 2008 W. Spickermann, Germania Inferior, Religion der römischen Provinzen 3 (Tübingen 2008)

Spickermann 2016 W. Spickermann, Überlegungen zu zwei Inschriftentafeln für Isis Panthea und Magna Mater aus der Römerpassage in Mainz, in: G. Koiner – U. Lohner-Urban (Hrsg.), „Ich bin dann mal weg". Festschrift für einen Reisenden. Thuri Lorenz zum 85. Geburtstag (Wien 2016) 203–210

Stoll 1992 O. Stoll, Die Skulpturenausstattung römischer Militäranlagen an Rhein und Donau. Der obergermanisch-rätische Limes (Gutenberg 1992)

Stoll 1993 O. Stoll, Die Genien von Niederbieber. Zur Skulpturenausstattung römischer Militärlager, RheinMusBonn 1993, 77–80

Stoll 2006 O. Stoll, Legionäre, Frauen, Militärfamilien. Untersuchungen zur Bevölkerungsstruktur und Bevölkerungsentwicklung in den Grenzprovinzen des Imperium Romanum, JRGZ 53, 2006, 217–344

Strobel 1986 K. Strobel, Der Aufstand des L. Antonius Saturninus und der sogenannte zweite Chattenkrieg Domitians, Tyche 1, 1986, 203–220

Strobel 1987 K. Strobel, Der Chattenkrieg Domitians: historische und politische Aspekte, Germania 65, 1987 (2), 423–452

Stuart – Bogaers 2001 P. Stuart – J. E. Bogaers, Nehalennia. Römische Steindenkmäler aus der Oosterschelde bei Colijnsplaat, CSIR Nederland II (Leiden 2001)

Tarpin 2002 M. Tarpin, Vici et pagi dans l'Occident romain, Collection de l'École française de Rome 299 (Rom 2002)

Tedeschi Grisanti 1977 G. Tedeschi Grisanti, I „Trofei di Mario". Il ninfeo dell'acqua Giulia sull'Esquilino (Rom 1977)

Thomas 2009 R. Thomas, Die Baubefunde der Ausgrabungen im Lager der römischen Flotte in Köln-Marienburg (Alteburg) in den Jahren 1983/84, KölnJb 42, 2009, 689–785

Thomas 2014 R. Thomas, Denkmäler der Matronenverehrung in der CCAA (Köln), KJb 47, 2014, 91–178

Todisco 1979 L. Todisco, Un frammento di statua al Museo di Lecce e i tipi di Eracle e Melpomene con testa taurina sotto la clava, ArchCl 31, 1979, 141–157

Tončinić 2007 D. Tončinić, Werkzeugdarstellungen auf einer Grabstele aus Tilurium, in: E. Walde – B. Kainrath (Hrsg.), Die Selbstdarstellung der römischen Gesellschaft in den Provinzen im Spiegel der Steindenkmäler. Akten des IX. Internationalen Kolloquiums über Probleme des provinzialrömischen Kunstschaffens, IKARUS 2 (Innsbruck 2017) 259–264

Töpfer 2021 K. Töpfer, Götterstatuen in der Provinz Syria, in: Lipps u. a. 2021b, 231–244

Tortorella 2020 S. Tortorella, Archi dedicati a Germanico, in: M. Barbanera (Hrsg.), Germanico Cesare. A un passo dall'impero. Atti del convegno, Amelia, Museo archeologico e Pinacoteca, 24–25 maggio 2019 (Perugia 2020) 139–160

Van Voorhis 2018 J. Van Voorhis, The Sculptor's Workshop. Aphrodisias X (Wiesbaden 2018)

Wagner u. a. 1973 F. Wagner – G. Gamer – A. Rüsch (Hrsg.), Raetia (Bayern südlich des Limes) und Noricum (Chiemseegebiet), CSIR Deutschland I,1 (Bonn 1973)

Waldherr 2017 G. Waldherr, Bauherren auf den Inschriften der Provinz Raetien und im nordöstlichen Obergermanien, in: J. Lipps (Hrsg.) zusammen mit K. Kortüm und C. S. Sommer, Transfer und Transformation römischer Architektur in den Nordwestprovinzen, Kolloquium 2015 in Tübingen, TAF 22 (Rahden/Westf. 2017) 123–147

Walser 1989 G. Walser, Kaiser Domitian in Mainz, Chiron 19, 1989, 449–456

Weber 1985 G. Weber, Der gallorömische Tempelbezirk von Kempten, in: Bayerisches Landesamt für Denkmalpflege (Hrsg.), Die Römer in Schwaben. Jubiläumsausstellung 2000 Jahre Augsburg, Zeughaus, 23. Mai bis 3. November 1985, Arbeitsh. Bayer. Landesamt für Denkmalpflege 27 (München 1985) 226–229

Vorster 1993 Ch. Vorster, Römische Skulpturen des späten Hellenismus und der Kaiserzeit I. Werke nach Vorlagen und Bildformeln des 5. und 4. Jahrhunderts v. Chr.,Vatikanische Museen. Museo Gregoriano Profano ex Lateranense. Katalog der Skulpturen) (Mainz 1993)

Weisgerber 1968 J. L. Weisgerber, Die Namen der Ubier (Köln 1968)

Weisgerber 1975 G. Weisgerber, Das Pilgerheiligtum des Apollo und der Sirona von Hochscheid im Hunsrück (Bonn 1975)

Wesch-Klein 1998 G. Wesch-Klein, Soziale Aspekte des römischen Heerwesens in der Kaiserzeit, Heidelberger althistorische Beiträge und epigraphische Studien 28 (Stuttgart 1998)

Wiegels 2000 R. Wiegels, Lopodunum II. Inschriften und Kultdenkmäler aus dem römischen Ladenburg am Neckar. Forschung und Berichte zur Vor- u. Frühgeschichte in Baden-Württemberg 59 (Stuttgart 2000)

Willer 2014 S. Willer, Stadt – Status – Statue. Bronzestatuen in zivilen Kontexten, in: Landschaftsverband Rheinland/LVR-LandesMuseum Bonn – Archäologisches Landesmuseum Baden-Württemberg – Museum Het Valkhof Nijmegen (Hrsg.), Gebrochener Glanz. Römische Großbronzen am UNESCO-Welterbe Limes (Mainz 2014) 26–39

Winkler 1995 L. Winkler, Salus – vom Staatskult zur politischen Idee, Archäologie und Geschichte 14 (Heidelberg 1995)

Wissowa 1909 Roscher ML IV (1909) Sp. 295–301 s. v. Salus (G. Wissowa)

Witschel 2011 Ch. Witschel, Die Provinz Germania superior im 3. Jahrhundert: ereignisgeschichtlicher Rahmen, quellenkritische Anmerkungen und die Entwicklung des Städtewesens, in: R. Schatzmann – S. Martin-Kilcher (Hrsg.), L'Empire romaine en mutation (Montagnac 2011) 23–64

Witschel 2013 Ch. Witschel, Die Ursprünge des Mithras-Kults – Orientalischer Gott oder westliche Neuschöpfung?, in: Badisches Landesmuseum Karlsruhe (Hrsg.), Imperium der Götter: Isis – Mithras – Christus. Kulte und Religionen im Römischen Reich. Ausstellung Karlsruhe 2013 (Darmstadt 2013) 201–210

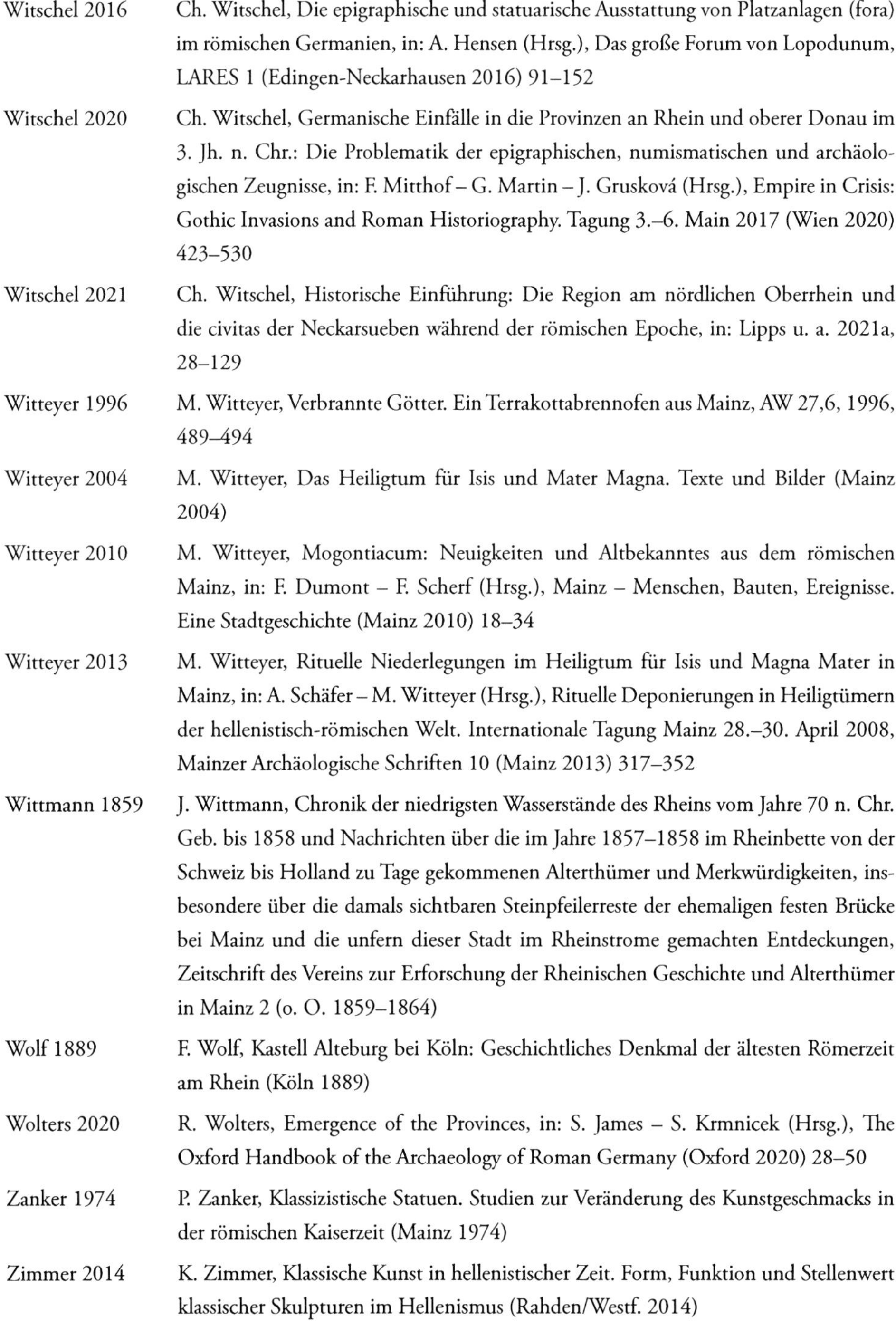


Witschel 2016 — Ch. Witschel, Die epigraphische und statuarische Ausstattung von Platzanlagen (fora) im römischen Germanien, in: A. Hensen (Hrsg.), Das große Forum von Lopodunum, LARES 1 (Edingen-Neckarhausen 2016) 91–152

Witschel 2020 — Ch. Witschel, Germanische Einfälle in die Provinzen an Rhein und oberer Donau im 3. Jh. n. Chr.: Die Problematik der epigraphischen, numismatischen und archäologischen Zeugnisse, in: F. Mitthof – G. Martin – J. Grusková (Hrsg.), Empire in Crisis: Gothic Invasions and Roman Historiography. Tagung 3.–6. Main 2017 (Wien 2020) 423–530

Witschel 2021 — Ch. Witschel, Historische Einführung: Die Region am nördlichen Oberrhein und die civitas der Neckarsueben während der römischen Epoche, in: Lipps u. a. 2021a, 28–129

Witteyer 1996 — M. Witteyer, Verbrannte Götter. Ein Terrakottabrennofen aus Mainz, AW 27,6, 1996, 489–494

Witteyer 2004 — M. Witteyer, Das Heiligtum für Isis und Mater Magna. Texte und Bilder (Mainz 2004)

Witteyer 2010 — M. Witteyer, Mogontiacum: Neuigkeiten und Altbekanntes aus dem römischen Mainz, in: F. Dumont – F. Scherf (Hrsg.), Mainz – Menschen, Bauten, Ereignisse. Eine Stadtgeschichte (Mainz 2010) 18–34

Witteyer 2013 — M. Witteyer, Rituelle Niederlegungen im Heiligtum für Isis und Magna Mater in Mainz, in: A. Schäfer – M. Witteyer (Hrsg.), Rituelle Deponierungen in Heiligtümern der hellenistisch-römischen Welt. Internationale Tagung Mainz 28.–30. April 2008, Mainzer Archäologische Schriften 10 (Mainz 2013) 317–352

Wittmann 1859 — J. Wittmann, Chronik der niedrigsten Wasserstände des Rheins vom Jahre 70 n. Chr. Geb. bis 1858 und Nachrichten über die im Jahre 1857–1858 im Rheinbette von der Schweiz bis Holland zu Tage gekommenen Alterthümer und Merkwürdigkeiten, insbesondere über die damals sichtbaren Steinpfeilerreste der ehemaligen festen Brücke bei Mainz und die unfern dieser Stadt im Rheinstrome gemachten Entdeckungen, Zeitschrift des Vereins zur Erforschung der Rheinischen Geschichte und Alterthümer in Mainz 2 (o. O. 1859–1864)

Wolf 1889 — F. Wolf, Kastell Alteburg bei Köln: Geschichtliches Denkmal der ältesten Römerzeit am Rhein (Köln 1889)

Wolters 2020 — R. Wolters, Emergence of the Provinces, in: S. James – S. Krmnicek (Hrsg.), The Oxford Handbook of the Archaeology of Roman Germany (Oxford 2020) 28–50

Zanker 1974 — P. Zanker, Klassizistische Statuen. Studien zur Veränderung des Kunstgeschmacks in der römischen Kaiserzeit (Mainz 1974)

Zimmer 2014 — K. Zimmer, Klassische Kunst in hellenistischer Zeit. Form, Funktion und Stellenwert klassischer Skulpturen im Hellenismus (Rahden/Westf. 2014)

## Ortsregister

## Kurzvitae der Autorinnen und Autoren

**Michael Auras** war wissenschaftlicher Mitarbeiter beim Institut für Steinkonservierung e. V. (IFS) in Mainz, einer naturwissenschaftlichen Beratungsstelle der staatlichen Denkmalpflege der Bundesländer Hessen, Rheinland-Pfalz, Saarland und Thüringen. Er studierte Geologie in München und leitete das IFS von 2017–2022. Seine Arbeitsschwerpunkte lagen auf historischen mineralischen Baustoffen und deren modernen Äquivalenten, auf der Untersuchung und Bewertung von Bauschäden an Bau- und Kunstdenkmälern sowie archäologischen Objekten und auf der Auswahl und Entwicklung von Materialien und Methoden zu deren Erhaltung.

**Detlev Kreikenbom** ist Klassischer Archäologe und bekleidete von 1998 bis 2018 eine Professur für Klassische Archäologie an der Johannes Gutenberg-Universität Mainz. Er studierte Klassische Archäologie, Kunstgeschichte und Alte Geschichte an der Freien Universität Berlin, an der Universität Kiel und an der Universität ‚La Sapienza' zu Rom. Er hatte Lehrstuhlvertretungen bzw. Gastprofessuren in Berlin (HUB, Hdk), Gießen und Köln inne. Er ist Korrespondierendes Mitglied des Deutschen Archäologischen Instituts. Seine Forschungsschwerpunkte liegen im Bereich der Geschichte der griechischen Skulptur, der Ikonographie und Ikonologie römischer Porträts sowie der Fachgeschichte.

**Johannes Lipps** hat seit 2019 eine Professur für Klassische Archäologie an der Johannes Gutenberg-Universität Mainz inne und ist gleichzeitig Fellow am dortigen Gutenberg Forschungskolleg. Er studierte Klassische Archäologie, Alte Geschichte sowie Papyrologie, Epigraphik und Numismatik der Antike an den Universitäten Marburg, Roma Tre, Bonn und Köln. Seine Forschungsschwerpunkte liegen im Bereich der antiken Architektur, Skulptur sowie Urbanistik und konzentrieren sich besonders auf Rom, Pompeji und die römischen Provinzen von der Zeit der Römischen Republik bis in die Spätantike.

**Jonas Osnabrügge** ist Akademischer Mitarbeiter am Seminar für Alte Geschichte und Epigraphik der Ruprecht-Karls-Universität Heidelberg. Von 2007 bis 2014 studierte er Geschichte, Rechtswissenschaften, Philosophie und Politikwissenschaften in Dresden, Hamburg und Heidelberg. Dort wurde er 2021 mit einer Arbeit über die Epigraphische Kultur des römischen Germanien promoviert. Seine Forschungsschwerpunkte liegen im Bereich der Epigraphik der römischen Provinzen, insbesondere Germaniens, der Epigraphischen Kulturen der römischen und griechischen Welt sowie der Rezeptionsgeschichte der Antike.

**Marion Witteyer** war nach ihrem Studium in Mainz und München Mitarbeiterin der Archäologischen Denkmalpflege in Mainz. Von 2012 bis 2022 leitete sie die Außenstelle Mainz der Direktion Landesarchäologie in der Generaldirektion Kulturelles Erbe Rheinland-Pfalz. Sie studierte Provinzialrömische Archäologie, Klassische Archäologie und Vor- und Frühgeschichte. Ihr Aufgabenschwerpunkt lag in der Organisation und Durchführung von Grabungen sowie Ausstellungen. Ihre Forschungsschwerpunkte liegen im Bereich der regionalen Siedlungsgeschichte insbesondere von Mainz, Fragen von Akkulturationsprozessen im Bestattungswesen im Vergleich mit mediterranen Bräuchen sowie religiösen Riten.